Leben im Hier und Jetzt

Annkathrin Westermann

Leben im Hier und Jetzt

Esoterik eingebunden ins Leben

Bibliografische Information der Deutschen Nationalbibliothek:
Die Deutsche Nationalbibliothek verzeichnet diese Publikation in der
Deutschen Nationalbibliografie; detaillierte Informationen sind im Internet
über <http://dnb.d-nb.de> abrufbar.

© 2006 Annkathrin Westermann
Umschlagentwurf: Wilfried Westermann
Satz, Umschlagdesign, Herstellung und Verlag:
Books on Demand GmbH, Norderstedt
ISBN-10: 3-8334-5055-X
ISBN-13: 978-3-8334-5055-6

Inhalt

Vorwort

Mit diesem Buch möchte ich nicht nur eine kleine, nette Unterhaltungsgeschichte schreiben, sondern Sie, meine lieben Leserinnen und Leser, in unterhaltsamer Weise für Esoterik öffnen. Aber keine Angst, es kommt keine Mystik für Hausfrauen.

Seit längerer Zeit beschäftige ich mich mit Gesundheit und Heilung. Dies ist nahe liegend, da ich seit mehr als dreißig Jahren als Physiotherapeutin tätig bin. Aber nun glauben Sie nur nicht, dass ich der geborene Heiler bin.

Wie die meisten Jugendlichen ging ich mit hohen Idealen in die Ausbildung zur Therapeutin. Aber schon in der Vorbereitung zum Beruf in einem praktischen Jahr musste ich erkennen, keiner der dort behandelten Patienten wurde geheilt. Heute weiß ich natürlich, wie vermessen es war, zu glauben, man könne einen anderen Menschen heilen. Aber über dieses Thema wird es noch verschiedene Betrachtungen im Verlaufe der Geschichte in meinem Buch geben.

Nochmals zurückblickend auf meinen Therapeuten-Werdegang, auch während der Fachschulausbildung, ging es mit der Desillusionierung weiter. Eine verkrümmte Wirbelsäule, fachmännisch Skoliose genannt, konnte durch meine therapeutischen Fähigkeiten zwar stabilisiert, aber nicht geheilt, geschweige denn gerade werden.

Heute sind zum Glück die Möglichkeiten zur Verbesserung von Wirbelsäulenverkrümmungen vielfältiger, dank verschiedener Behandlungsmethoden, wie diejenige nach Vojta, nach Bobath oder auch eine Skoliosetherapie nach Lehnert-Schroth. Diese Therapien nenne ich, um eventuell Betroffene durch meine Erinnerungen nicht hoffnungslos zu machen.

Dann kamen Zeiten, die ich heute als Jahre der langsamen Entwicklung bezeichne. Dazu gehören auch gelegentliche Weiterbildungen, die Wissen vermittelten, das ich kaum anwenden konnte.

Nach dem Stand meiner jetzigen Entwicklung muss ich jedoch sagen, umsonst war nichts, auch wenn mir ein Lehrgang nur zeigte: dies ist nicht mein Weg. Bei Weiterbildungen und Kongressen findet man immer Menschen mit zwar gleichen Interessen, aber oft sehr unterschiedlichen Meinungen. Auch Außenseiter, die ganz andere Wege gehen als die breite Masse der Therapeuten. Zum Glück bin ich neugierig und dies sollte man wirklich als positive Eigenschaft sehen. Dabei meine ich nicht die Tratschtantenneugier, die Gefallen daran findet, mal jemanden so richtig, wie man bei uns sagt, »durch den Kakao« zu ziehen. Aber auch bei diesen oft von den lieben Mitmenschen niedergemachten Opfern sollte man mal näher hinschauen, denn, wie das Sprichwort schon sagt: »Die schlechtesten Früchte sind es nicht, an denen die Wespen nagen«. Gemeint ist, dass man die Menschen, über die man herzieht, einfach nur als nicht der üblichen Norm entsprechend sehen sollte. Also mal hinschauen: Ist das, was dieser Mensch dort tut und treibt, nur schlecht oder wagt er sich aus der Norm heraus, um neue Wege in der Weiterentwicklung zu gehen? Meiner Meinung nach geht die Entwicklung nur dadurch voran, weil einige – oft schwarze Schafe genannt – nicht mehr der üblichen Norm entsprechen.

Aber lassen Sie mich zurückblicken zu dem Werdegang, der mich zu der werden ließ, die dieses Buch schreiben muss, weil es ihr ein Bedürfnis ist.

Als Physiotherapeutin war ich fachlich gesehen sehr mittelmäßig. Aber ein großes Plus war immer auf meiner Seite: meine Kreativität. Wo mein fachliches Wissen am Ende war, war mein Erfindungsgeist grenzenlos. Dazu muss ich offen sagen, damals hätte ich dieses Eingeständnis nie gemacht. Für mich wäre es ein Versagenseingeständnis gewesen. So brauchte ich viel Energie zur Eigendarstellung. Heute weiß ich, wie perfekt ich schon immer war und liebe mich dafür, dass ich mich jetzt so annehmen kann, wie ich bin. Nicht da ist der Weg, wo man viel Kraft investieren muss, um vorwärtszukommen, sondern da, wo es spielend und leicht vorangeht. Wie schlecht und dumm habe ich mich früher immer gefühlt, wenn ich mir all diese lateinischen Fachausdrücke für Muskeln, Bewegungsrichtungen, Krankheiten oder auch Namen der verschiedenen Kapazitäten der Fachwelt, die da so Wunder wirkende Behandlungsmethoden erarbeiteten, nicht merken konnte. Heute weiß ich, man muss nicht nur mit offenen Augen und Ohren, sondern auch mit wachen Gefühlen durchs Leben gehen. Eigentlich ist das Leben ganz einfach: Gelingt mir etwas spielend und leicht, weiß ich auch, in diese Richtung führt mein Weg. Also sollte ich das Spiel meines Lebens in diese Richtung mit allen möglichen Facetten lenken. Das Spiel des Lebens ist wichtig, denn nur so macht das Leben Spaß. Nur wer Freude und Spaß am Leben empfinden kann, kann es auch genießen. Wer sein Leben genießt, sich selbst akzeptiert, Freude und Dankbarkeit dafür empfindet, ist auf der Gewinnerseite. Der bekommt sein Leben auch in puncto Gesundheit in den Griff. Aber, um dies zu begreifen, musste ich auch erst einige Stolpersteine, oder besser gesagt, Lernstolpersteine auf meinem Lebensweg überwinden. Aber dies ist in Ordnung so, denn heute weiß ich, alle Schwierigkeiten bringen mich weiter und haben ihren Sinn. Man muss nur erkennen, was sie uns lehren wollen. Hat man das Lernziel begriffen und verarbeitet, verschwinden unsere großen und kleinen Probleme. Bis zu dieser Erkenntnis habe ich viel Schweiß und Zeit in meine Arbeit investiert. Da ich bemüht war und bin, meine Patienten immer optimal zu behandeln, habe ich oft bis zu meiner totalen Erschöpfung massiert und therapiert. Nach und nach wurde mir bewusst, irgendetwas ist da nicht optimal. Also versuchte ich, meine Patienten immer mehr eigenverantwortlich bei der Therapie mitwirken zu lassen. Nach dem Schema: »Wie fühlen Sie sich heute, was würden Sie vorschlagen, was wir heute tun können, damit es Ihnen gut geht?« Meistens war die prompte Antwort: »Das müssen Sie doch wissen, was ich heute machen muss.« Da lag mir schon immer ein Lächeln des Wissens auf dem Gesicht und, wie ich heute weiß, auch auf der Seele. Intuitiv habe ich damals schon das Richtige getan. Man kann als Therapeut erfahrungsgemäß Behandlungserfolge erzielen. Doch bei fehlender Kreativität des Patienten ist die Wirkung der Behandlung nur von kurzer Dauer. Die inneren Heilungsprozesse müssen in Gang gesetzt werden, und da muss jeder erst einmal in sich hineinfühlen und lernen, was gut für ihn ist. Das kann fast keiner mehr, denn uns wird so viel von medizinischer Seite übergestülpt, was uns dafür unempfindlich macht. Ärzten und Heilern, die sich in der Schulmedizin und auch in alternativer Medizin auskennen und etwas schon lange Dagewesenes entdeckt haben, wird blindlings vertraut. Sie sollen uns helfen. Helfen, und das trifft auf alle Probleme im Leben zu, kann sich nur jeder selbst. Ärzte und Therapeuten können uns auf dem Weg, gesund zu werden, helfen und begleiten. Der Heilungsweg läuft über das Unbewusste (Unterbewusstsein) und wird über unsere Gefühle gesteuert. Zum besseren Verständnis hier ein Beispiel: Ein Kind reißt sich von der Hand der Mutter los und läuft auf die Straße. Die Mutter begreift innerhalb von Sekunden: Für mein Kind besteht Gefahr. Genauso schnell, wie sie die Gefahr erkennt, reagiert ihr Körper entsprechend ihrem Gefühl mit Herzrasen, beschleunigter Atmung und Schwitzen. Dieses Phänomen kennen wir alle. Man muss sich aber vorstellen, entsprechend unserer ständigen Gefühle, die nicht so vordergründig sind, reagiert unser Körper. Wenn da ständig gefühlsmäßig ein Problem an uns nagt und somit ständig unbewusste Reaktionen vom Körper verarbeitet werden müssen, führt dies zu unserer persönlichen ureigensten Krankheit, denn es ist ja mein Problem, was da an mir nagt. Nochmals, um es besser begreifen zu können: Die Mutter, die ständig mit Ängsten wegen irgendwelcher Gefahren für ihr Kind belastet wird, bekommt verständlicherweise für uns alle Herz-Kreislauf-Probleme. Die Probleme, welche uns krank machen, zeigen oft nicht so sichtbare körperliche Reaktionen, lösen aber auch welche aus. Kommt es nicht zur Problemverarbeitung, befinden wir uns ständig in Stresssituationen und unser Körper reagiert mit körperlichen Reaktionen. Er reagiert mit der dem psychischen Problem entsprechenden Erkrankung. Nicht der Gedanke an sich bringt die körperliche Veränderung, sondern das Gefühl, das daraus resultiert. Das Schlimme bei dieser Sache ist, dass uns dies nicht bewusst wird.

Nachdem mir dieses Wissen in alternativen Weiterbildungen, Selbstfindungsseminaren und Büchern immer wieder auf verschiedenste Art und Weise bestätigt wurde, finde ich, dass es an der Zeit ist, dieses Wissen mehr zu verbreiten. Eigentlich müsste ein Unterrichtsfach in der Schule eingeführt werden, in dem man unseren Kindern beibringt, gefühlsmäßig richtig zu denken.

Mit diesem Buch kann ich vielleicht zu einem Schritt der Weiterentwicklung unserer Denkweise bezüglich unserer Gesundheit beitragen.

In der folgenden Geschichte gibt es Personen, die nur in meiner Fantasie lebendig geworden sind. Allerdings habe ich verschiedene existierende, sehr lebendige Mitmenschen etwas beobachtet und ihre Erfahrungen zum Nutzen für uns alle in die folgende Handlung eingebaut. Aber keine Angst, die in meinem Buch agierenden Personen werden Ihnen in diesem Leben nicht wirklich begegnen, doch das Gefühl,»das könnte der aus diesem Buch sein«, wird sie begleiten. Denn die Zeit ist reif für Menschen, die sich mit den neuen Möglichkeiten der Lebensführung auseinandersetzen. Schauen Sie sich um und entdecken Sie die Gurus unserer Zeit.

Mein Wissen habe ich aus vielen Büchern und Lehrgängen. Glauben Sie nur nicht alles, was ich dabei erfahren und gelernt habe, hat mich gleich begeistert und inspiriert. Ganz im Gegenteil, manchmal bekam ich direkt Wut und warf die Bücher erst einmal in eine Ecke. Ihnen würde es sicher auch nicht gefallen, wenn Sie als Therapeut begreifen müssten, dass das Gute, was Sie dem Patienten an Behandlungen und Schmerzlinderungen antun, nichts anderes ist als Symptombeseitigung nach dem Motto: Ich nehme meinen Patienten den Schmerz und somit auch das Warnsignal für ihre Krankheit, die sie ja, wie zuvor erwähnt, nur aus sich heraus heilen können. Vergleichbar mit dem Monteur, der aus einem defekten Kühlschrank das blinkende Warnlämpchen ausschraubt und meint, alles wäre okay. Nachdem mir die Wirkung meiner Therapien für meine Patienten bewusst wurde, begann ich mit viel Ehrlichkeit mit meinen Patienten darüber zu sprechen. Stellen Sie sich vor, den ersten Erfolg, den ich mit dieser Art des Patientenumgangs hatte, war der, dass ich mich selbst besser fühlte. Und zwar nicht nur auf emotionaler Ebene, sondern auch rein körperlich. Dies äußerte sich während der Behandlungen darin, dass ich nicht mehr merkte, wie schnell die Zeit verging, ich völlig bei der Sache (Behandlung) und somit bei meinen Patienten war. Und das ist auch heute noch so, nach der Behandlung sind wir, d. h. die Patienten und ich, in guter emotionaler Stimmung. Was bedeutet, dass ich nicht erschöpft bin und Gefahr laufe, die einzelnen Behandlungszeiten zu überziehen. Dies zuvor erwähnte ehrliche Vorgehen klappt nicht immer. Nicht jeder Patient, der zu mir kommt, ist auf dem gleichen psychischen und emotionalen Bildungsstand. Das hat nichts mit Intelligenz im herkömmlichen Sinn zu tun, sondern ist eine Einstellungsfrage und hängt davon ab, inwieweit sich jemand schon mit solchen Dingen beschäftigt hat und sie dann für sich akzeptieren kann, er also offen für neue Möglichkeiten ist. Dies, was ich hier bewusstmachen will, hat nichts mit der Ratio, also mit der logischen, nachweisbaren Intelligenz zu tun, sondern mit der anderen Hälfte unseres Seins, der intuitiven, unbewussten, kreativen Hälfte, also volkstümlich gesagt, »mit dem Bauchgefühl«.

So muss ich meine Wahrheit manchmal in Geschichten kleiden oder auch ganz verschweigen (was mir persönlich nicht gut bekommt, weil ich dann nach der Behandlung erschöpft bin), weil manche meiner Patienten noch so in ihrer materiellen Welt verstrickt sind, dass sie sie nicht verstehen können. So bin ich also manchmal durch Schweigen wieder unehrlich und mein Körper zeigt sofort: »So nicht!«

In der Hoffnung, viele meiner Patienten werden dieses Buch lesen, denke ich, einen weiteren Weg in die Ehrlichkeit gefunden zu haben.

Es wäre doch toll, wenn wir alle durch unsere emotionale Wissenserweiterung den Prozess der intuitiven Entwicklung vorantreiben könnten. Es lässt vermuten, da wir nur höchstens 15 % unserer Gehirnkapazität nutzen (wie im Übrigen auch die größten Genies wie z. B. Einstein), dass die größten Entwicklungsmöglichkeiten in den psychischen und spirituellen Bereichen liegen. Lassen Sie es zu, sperren Sie sich nicht dagegen und gucken Sie einmal kritiklos, was alles so außerhalb des Materiellen noch möglich ist.

Ich erkläre mir das für mich noch nicht Verständliche, indem ich mir sage, »den elektrischen Strom kann ich auch nicht sehen und trotzdem bringt er mir Licht«. Der elektrische Strom ist messbar, vielleicht werden die Energien, die durch Gedanken und Gefühle in uns fließen, irgendwann einmal für jeden von uns real messbar gemacht und somit für jeden von uns wahr.

So, nun hoffe ich, Sie für mein Buch sensibel gemacht zu haben. Wenn Sie bis hierher mein Vorwort verfolgt haben, bedanke ich mich ganz herzlich bei Ihnen, denn das, was ich bisher versucht habe, Ihnen zu sagen, liegt mir sehr am Herzen. Von nun an soll nur die Geschichte Sie inspirieren. Beim Lesen sollen Sie gute Gefühle begleiten.

Energie tanken

Fast nicht zu glauben, wie mild und sanft eine leichte Meeresbrise mit meinem Haar spielt. Heute ist der 31. Oktober und heute Nacht wurden die Uhren auf Winterzeit umgestellt. In meinen hoffnungsvollen Träumen hatte ich mir für meinen Mallorca-Urlaub ausgemalt, wie ich ein bis zwei Stunden täglich unter Mittag mit leichter Kleidung auf der Promenade herumschlendern würde. Doch dieses Wetter hier mit strahlendem Sonnenschein übertrifft alles. Das Thermometer im schattigen Eingang des Hotels zeigt 25° C und ich werde mich jetzt in das fast spiegelglatte Meer stürzen.

Meine ganze Liebe gehört meinem Heimatland Deutschland mit seiner vielfältigen wunderschönen Landschaft, doch 25° C fast im November kann es mir leider nicht bieten.

Mein Fuß wird von einem Wellchen umspielt, es ist genauso sanft und lau wie der leichte Wind. Das Wasser muss über 20° C haben. Ein Schwarm Fische, so groß wie Forellen, schwimmt vor mir her und lässt sich kaum stören. Der Boden unter mir ist aus hellem weichem Sand und ich genieße es, ins Wasser zu laufen und immer mehr von dem durchsichtigen Nass umspielt und getragen zu werden. An dem beliebtesten Strand von Mallorca, an der Playa de Palma, bade ich am fast menschenleeren Strand. Ab und zu sind ältere Pärchen und Jogger am Strand zu sehen.

Gestern lauschte ich dem Gespräch eines einheimischen Verkäufers mit einem Urlauber, der meinte, dass jetzt die älteren Jahrgänge der Deutschen wieder auf Mallorca einziehen.

Noch vor drei Wochen hätte ich nicht im Traum daran gedacht, in diesem Jahr noch einmal Urlaub zu machen. Eigentlich will ich nicht daran denken, durch welche Umstände es zu diesem Urlaub hier auf Mallorca kam. Eigenwillige, nicht zu verdrängende Gedanken an die letzten Wochen in Deutschland mischen sich in den Genuss von Wasser, Sand und Sonne. Es überkommen mich wieder Gefühlsschauer, die ich glaube nicht verkraften zu können.

Wie sagt Louise Hay, eine Schriftstellerin, die mich schon oft inspiriert hat:»Wir suchen uns unsere Gedanken aus.«. Aber wenn ich meine Traurigkeit, die mich in Deutschland ergriffen hat, nicht in mir aufkommen lasse, indem ich an schönere und erbaulichere Dinge denke, verdränge ich da nur? Wahrscheinlich müsste ich mich mit meinen Problemen auseinandersetzen und sie in eine für mich optimistische Richtung lenken. Also für mich Lösungen suchen. Aber ehrlich, das will ich jetzt nicht. Lieber schmeiße ich mich gut eingeölt in den Sand, verdränge alles ein bisschen und gebe meinem Seelchen ein wenig Zucker.

Wie knirscht der Sand so schön zwischen meinen Zähnen und juckt mich so herrlich ablenkend zwischen meinen Brüsten. Auf dem Bauch liegend, überlege ich, wie lange ich das Kitzeln noch aushalte. Da, unerwartet und brutal, klatscht mir etwas mit voller Wucht auf den Rücken. Empört schaue ich mich um und entdecke einen kleinen nackten Jungen neben mir, der mir gerade sein Eimerchen voll Sand über den Rücken gekippt hat. Nun steht er frech grinsend neben mir und streckt mir auch noch seine Zunge raus. Ich packe ihn bei den Armen und sein Eimerchen fliegt im hohen Bogen davon. Er starrt mir fest in die Augen und lässt die Zunge draußen. Seine Augen sind nicht die typischen Augen eines Kleinkindes. Er hat die Augen eines Kindes mit »Down Syndrom«. Der Volksmund nennt diese Generkrankung »mongoloid«. Natürlich erschrecke ich im Inneren und bereue sofort, so überreagiert zu haben. Aber etwas hält mich zurück, ihn sofort loszulassen. Tatsächlich, ich habe ein wenig Wut in mir, weil er mir noch immer die Zunge herausstreckt und jetzt auch wieder anfängt zu grinsen. Als ich ihn immer noch nicht loslasse, wird er wütend und tritt nach mir. Jetzt fange ich an zu grinsen und lasse ihn abrupt los; er fällt auf seinen nackten kleinen Hintern in den Sand. Er reißt Mund und Augen auf und ist sprachlos. Schnell nehme ich seinen Eimer, ziehe ihn durch den Sand, sodass er halb voll ist und kippe ihn über seinen nackten kleinen Körper. Ein quietschender heller Ton, laut wie eine Sirene, durchschneidet die friedliche Stille am Strand.

Die Augen der am Strand liegenden älteren Paare lynchen mich regelrecht. Die bisher desinteressierte Mutter des Kindes fühlt sich genötigt, aufzustehen und zu dem Kind zu kommen. Mit den Worten:»Na mein Schätzchen, wer weint denn da…«, nimmt sie die kleine Heulboje in den Arm. Ohne Kommentar gehen sie zu ihrer Strandmuschel zurück, um die sich ringsum Spielzeug türmt. Das Schätzchen bekommt etwas zu naschen und augenblicklich hat das bis eben anhaltende, nur in kurzen Atemholpausen unterbrochene Quietschen ein Ende.

Muss ich jetzt ein schlechtes Gewissen haben? War ich zu unsensibel? Nö, ich habe mich genau richtig verhalten. Der Kleine muss wie alle anderen Kinder lernen, wo seine Grenzen sind. Oder? Ach egal, ich gehe jetzt ins Wasser.

Und wieder genieße ich es, mich im Wasser zu tummeln. Auf dem Boden unter mir entdecke ich einen Seestern. Was für ein Glück. So ein Tierchen habe ich noch nie im Meer gesehen, nur immer in Geschäften. Den möchte ich mir genauer ansehen. Aber bücken und aufheben geht nicht, da müsste ich mit dem Kopf unter Wasser tauchen und das möchte ich jetzt auf keinen Fall, da ich meine Haare zum Essengehen in den Griff bekommen muss. Also schiebe ich den Fuß unter den Seestern und versuche, ihn hochzuwirbeln. Er kommt etwa 40 Zentimeter nach oben und sinkt majestätisch wieder nach unten. Noch einmal das gleiche Spiel. Aber jetzt habe ich Sand aufgewirbelt und sehe ihn nicht mehr. Er ist mit seiner sandfarbenen Oberfläche für mich nicht mehr sichtbar. Schade, ich hätte dieses kleine Wunder zu gern einmal aus der Nähe betrachtet. Meine Geduld bringt mir Erfolg. Indem ich warte, bis der Sand auf den Boden sinkt, zeichnen sich zart die Konturen des Sterns im Sand ab. Nun versuche ich, beide Füße unter den Seestern zu schieben und meine Beine ganz vorsichtig anzuheben. Es gelingt mir, das kleine Wunder der Natur bis kurz vor die Wasseroberfläche anzuheben, dann greife ich zu. Es ist kaum zu glauben, ich halte einen richtigen, noch lebenden Seestern in meinen Händen. Er fühlt sich fest, beinahe hart an. Seine Sternspitzen bewegen sich kaum merklich, wenn ich ihn im Wasser halte. Jetzt muss er nur noch seine Unterseite zeigen. In fünf sternförmig zueinander laufenden Rillen bewegen sich kleine Fühlerärmchen. In sich stabil, ist der Stern doch zart und verletzlich. So wie eigentlich alles im Leben zwei Seiten hat. Ach ja, bloß jetzt nicht über den tieferen Sinn dieser Erkenntnis nachdenken. Gerade will ich den Stern wieder davongleiten lassen, als ich die kleine Heulboje von vorhin am Strand stehen sehe. Der kleine nackte Bengel hat jetzt ein Hütchen auf und beobachtet mich.

Behutsam nehme ich den Stern zwischen meine Hände und trage ihn im Wasser zum Strand. Der Junge kommt angelaufen und schaut fasziniert auf meine Hände, die ich noch vorsichtig schützend um das kleine Seelebewesen halte. Aber es besteht keine Gefahr, der Junge ist voller Interesse und sein Mund öffnet sich staunend. Die Frau, die ich für seine Mutter halte, eilt schnell herbei und will ihm ein T-Shirt überziehen. Unwillig lässt er es mit sich geschehen, weil durch diese Prozedur kurzzeitig sein Blick auf den Seestern unterbrochen wird.

Nun erkläre ich der Frau, dass ich den Stern wieder etwas tiefer ins Meer zurückbringen möchte. Sie schaut mich an und fragt, ob sie das nicht machen dürfe. Zustimmend lege ich ihr vorsichtig das zarte und doch so stabile Gebilde in die Hände. Sie schaut auf den Jungen und ich weiß, was sie will, nämlich einmal ungestört baden. Zustimmend nickend, frage ich nach dem Namen ihres Sohnes. Sie erklärt mir, er heiße Tim und sie wäre gleich zurück.

Tim will gerade beginnen zu quietschen, als die Frau ins Wasser geht. Aber als ich seinen Eimer nehme und damit Wasser schöpfe, hält er abrupt inne. »Die wird mich doch wohl nicht nass spritzen wollen?«, lese ich in seinen Augen. Mit dem Wasser mache ich den Sand nass und beginne einen Seestern zu bauen.

Tim schaut mir mit etwas Distanz zu. Es ist ihm anzumerken, er traut mir nicht so ganz. Inzwischen nimmt mein Stern Form an. Sein Interesse ist geweckt. Aufmerksam beobachtet er mein Tun.

Seine kleinen Finger zeigen aufgeregt zu mir in den Sand und er beginnt diesmal, freudig zu quietschen.

Wir gehen Muscheln sammeln und schmücken den Stern. Anschließend versuchen wir gemeinsam eine Burg zu bauen, was allerdings nicht gelingt, weil Tim ein höllisches Vergnügen daran hat, immer wieder auf unsere Burg zu springen. Lachend will er mich mit Sand bewerfen. Aber mein drohender Finger bewirkt Wunder. Er dreht sich um und tut, als hätte er schon immer vorgehabt, den Sand ins Wasser zu werfen.

Lachend kommt auch gerade die Frau aus dem Meer zurück und ruft:»Tim, warst du auch lieb?« Dies kann ich nur bestätigen. Wir kommen ins Gespräch und ich erfahre, dass Tim gar nicht ihr Sohn ist. Sie stellt sich mir als Katrin Jordan, als Tims Kindergärtnerin vor. Tims Vater ist ein sehr beliebter Zahnarzt hier auf Mallorca und seine Frau, Tims Mutter, war krank und ist gerade zu einer Genesungskur. Katrin hat sich von Tims Vater, Dr. Seikat, überzeugen lassen, vorübergehend auf Tim aufzupassen.

Gemeinsam mit Tim spielen und toben wir am Strand und im Wasser herum, bis ich Hunger bekomme. Wir beschließen, uns wiederzusehen. Katrin fragt mich, ob ich nicht Lust hätte, heute Abend mit ihr zu einem Vortrag über Gesundheit zu gehen.

Mit Katrin etwas zu unternehmen, ist verlockend, aber muss es denn gerade ein Vortrag sein und noch dazu über Gesundheit? Sie merkt mein Zögern und versichert mir, es handele sich nicht um althergebrachtes Gequatsche, sondern um revolutionäres Zeug, über das ich bestimmt staunen würde. Außerdem könnte ich dort die tollsten Typen von Mallorca kennen lernen.

Das sind Argumente, die mich überzeugen. Wir kichern noch ein bisschen herum und verabreden uns dann für 19:00 Uhr. Tim streichelt mich zum Abschied herzlich und derb mit seinen Sandfingern.

Schnell ziehe ich mir passende Kleidung zum Essen an – ein T-Shirt, kurze Hosen und Sandalen sind bei diesem herrlichen Wetter ausreichend.

Gut gelaunt gehe ich auf der Promenade in Richtung Can Pastilia, wo ich mir schon gestern eine hinter dem Club-Hafen an einer kleinen Bucht gelegene Gaststätte mit weißen Tischtüchern und Blick aufs Meer ausgesucht habe.

Während ich laufe, lobe ich mich mit den Worten: »Karla, das hast du prima gemacht, dir noch einmal eine Woche Urlaub zu gönnen, um zu entspannen und alles noch einmal zu überdenken.« Aber die Sache mit dem Überdenken verschiebe ich lieber auf die nächsten Tage. Heute ist Samstag und ich habe noch viel Zeit bis zum Abflug am Donnerstag.

Auf dem Meer fahren Motorboote, die Wasserskifahrer hinter sich herziehen. Meiner Meinung nach machen die Skifahrer dies recht professionell. Erstaunlich, wie sie sich auf oder mit den Brettern drehen, so ganz genau kann ich es nicht erkennen. Jetzt springen sie hoch, wahrscheinlich über die Wellenkämme, die sich hinter dem Motorboot auftürmen. Dies sind bestimmt Einheimische, die jetzt die Ruhe für sich nutzen.

Am Ende der Plaja de Palma, kurz vor Can Pastilia, endet der Sandstrand in einer größeren Sandbucht. Dort warten Jugendliche mit großen Lenkdrachen auf Wind. Wie im Flug ist die Zeit während der drei oder auch vier Kilometer, die ich eben gelaufen bin, vergangen. Angekommen bei meiner auserkoren gepflegten Gaststätte, finde ich auch einen freien Tisch mit Blick aufs Meer. Heute will ich so richtig genießen und bestelle mir einen Viertelliter Roten, stilles Wasser und meine heiß geliebten Sprotten vom Grill. Elegant und ein wenig mit mir flirtend, serviert mir der Kellner die Getränke und Oliven mit geröstetem Brot. Während ich so meine Oliven knabbere, stelle ich fest, dass ich mich auf den heutigen Abend mit Katrin, meiner neuen Bekannten, freue. Ich überlege mir, wie man sich zu einer solchen Veranstaltung anzieht. Nun muss ich über mich lächeln. Was erwarte ich heute Abend, dass ich mir Gedanken um Kleidung mache? Über solche Dinge

19

bin ich doch eigentlich erhaben. Meine Kleidungsstücke sind alle mit Bedacht ausgewählt und von Jürgen für gut befunden worden. Was sucht hier Jürgen in meinen Gedankengängen? Der ist heute nicht dran.

Zum Abendbrot im Hotel war ich nach meinem Schlemmermittag noch nicht wieder hungrig. Ein bisschen Obst war gerade richtig. Es ist kurz vor 19:00 Uhr und Katrin müsste gleich kommen. Sie wollte hier direkt vor meinem Hotel halten. Da sehe ich sie auf der anderen Straßenseite aus einem kleinen weißen Auto winken. Während ich zur anderen Straßenseite gehe, steigt sie aus, um mich herzlich zu umarmen. Dadurch fühle ich mich willkommen, bin aber trotzdem von der Herzlichkeit überrascht. Mir persönlich fällt es schwer, zu Menschen, die ich erst kurz oder nur wenig kenne, spontan herzlich zu sein.

Wir fahren auf einer größeren Straße und ich lasse mich überraschen, wohin Katrin mich bringt. Wir plaudern ganz ungezwungen und so erfahre ich, dass Katrin zwei Jahre jünger ist als ich, also 32 Jahre alt. Sie arbeitet als Kindergärtnerin in Palma und lebt schon länger hier auf Mallorca. Ihre Eltern sind in den 1960er-Jahren in der Flower Power Zeit nach Ibiza gekommen und dort auf einer Farm sesshaft geworden, wo sie geboren wurde. Katrin wurde dann im Alter von sechs Jahren von ihren Großeltern nach Deutschland geholt, um dort zur Schule zu gehen.

Es ist schon dunkel geworden, aber trotzdem bemerke ich, wie Katrin zu mir herüberschaut, als sie zu mir sagt:»Glaub' mir, durch diese Extreme Ibiza-Deutschland musste ich mir etwas Hornhaut auf der Seele wachsen lassen und kann jetzt gut für mich allein sorgen.«

Inzwischen sind wir an einem hell beleuchteten Haus angekommen. Es ist so eine Art größere Villa mit ein paar Nebengebäuden älteren Baustils. Nachdem wir das Auto etwas abseits geparkt haben, gehen wir gemeinsam in das Haus. Im Inneren herrscht reges Leben, Stimmengewirr und Lachen schlagen uns entgegen. In dem Raum, in den man uns weist, sind etliche Stuhlreihen aufgestellt, die schon fast alle besetzt sind. Von der anderen Seite winkt uns jemand zu. Katrin sagt erfreut: »Dr. Seikat hat Plätze für uns freigehalten.« Wir werden einander vorgestellt und der Arzt bietet mir einen Stuhl neben sich an. Sofort fühle ich mich unwohl, weil ich keine Lust habe, den Abend steif nach Etikette auf einem Stuhl sitzend, einem Vortrag zu lauschen und Konversation zu betreiben. Schließlich habe ich Urlaub und will einmal allen Zwängen entfliehen.

Katrin winkt mir von etwas weiter vorn aus zu, wo sie sich kichernd mit jüngeren Leuten unterhält. Der Doktor neben mir stupst mich an, grinst und meint, ich könne ihn Willi nennen, denn Katrins Freunde wären auch seine Freunde. Mein Frust schmilzt dahin und schon quatschen wir unbeschwert. Wir sprechen über Tim und darüber, wie ich ihn heute kennen gelernt habe. Er lacht ziemlich laut auf, als ich ihm erzähle, wie wir uns gegenseitig mit Sand bekippt haben. Wie sollte es anders sein, nun erzählt er mir von seiner Praxis und ich will gerade meine Ohren auf Durchzug schalten, als ich den Namen Dr. Klinghardt höre. Der eben Genannte gehört zu den von mir sehr geschätzten Wissenschaftlern, die sich mit Körperentgiftung und alternativer Medizin befassen. Willi erzählt mir, dass er im September in der Schweiz war und dort einen Vortrag für Zahnärzte besucht hat, in dem Dr. Klinghardt über die Schädlichkeit von Zahnfüllungen aus Amalgam und alternative Möglichkeiten in der Zahnsanierung sprach. Nun sind wir also bei meinem Thema. Willi hört mir interessiert zu, als ich nun auch von meiner Arbeit erzähle. Ich erkläre ihm, wie gut ich mit einigen Zahnärzten zusammenarbeite, indem ich herausfinde, welche Zähne meiner Patienten belastet sind. Bei der Behandlung mit der Fußreflexzonentherapie nach Hanne Marquardt finde ich oft belastete Zahnzonen bei ihnen, obwohl sie keine Zahnbeschwerden haben. Die Zahnbeschwerden kommen manchmal erst viel später. Wir sind uns einig, dass die Zeit noch nicht reif dafür ist, allein durch eine belastete Zahnreflexzone am Fuß entsprechende Zahnbehandlungen durchzuführen. Doch als zusätzliche Bestätigung zur zahnärztlichen Diagnose sind die Befunde der Fußreflexzonentherapie sehr hilfreich.

Jetzt wird der Raum etwas abgedunkelt. Katrin hat sich inzwischen neben mich gesetzt und tuschelt mir zu, sie habe eben eine Einladung für uns zu einem kleinen Treffen mit ein paar netten Leuten nach dem Vortrag erhalten und zugesagt. Auf meine Anfrage, ob es denn heute sehr spät werden würde, bekomme ich nur zur Antwort, dass ich doch Urlaub hätte und der Abend noch sehr unterhaltsam werde.

Vom Podium im vorderen Teil des Raumes begrüßt uns jetzt ein Mann, der meiner Schätzung nach so zwischen 45 und 50 Jahre alt ist. Er macht einen seriösen Eindruck, wirkt sehr locker und motiviert. In spanischer Sprache wünscht er uns einen guten Abend. Auch das noch, jetzt muss ich mir einen Vortrag auf Spanisch anhören. Aber seine nächsten Worte beruhigen mich: »Keine Angst, meine lieben Freunde, ich spreche für Sie deutsch.« Er stellt sich als Dr. Werner vor. An der Wand hinter ihm leuchtet von einem Bildwerfer projiziert die Überschrift: Ist Milch gesund?[1]

Dr. Werner erklärt, dass die folgenden wissenschaftlichen Studien leider nicht von ihm durchgeführt wurden, denn um wissenschaftliche Forschung in dieser Größenordnung betreiben zu können, müsste man über immense finanzielle Mittel verfügen. Dies alles, was er uns in geraffter Form in der nächsten Stunde erzählen wird, beruhe zum größten Teil auf Studien von amerikanischen Ärzten.

Wir sollten uns unsere eigene Meinung darüber bilden, warum bei uns nie etwas darüber publik wurde, obwohl die Ergebnisse dieser Studien bereits seit Mitte der neunziger Jahre bekannt sind.

Es ist fast nicht zu glauben, dass unser Wissen über ein Grundnah-

---

[1] Prof. Dr. Walter Veith: Vortragsreihe in Nürnberg im Jahr 2000, Vortrag »Milch«.

rungsmittel wie Milch und deren Produkte, wie z. B. Quark, Käse und Joghurt, sollte man diesen wissenschaftlichen Studien glauben, einfach falsch ist. Milch (Kuhmilch) und ihre Produkte seien weder für uns Menschen noch für Tiere, außer Kälbern, gut verwertbar. Kuhmilch sei nur gut für junge Kühe, die noch die entsprechenden Enzyme zu deren Verdauung in sich haben.

Aufmerksam versuche ich, möglichst viel von den Erkenntnissen zu behalten. Willi stört mich mit seinen aufgeregten Zwischenerläuterungen, die zwar sehr interessant sind, die ich aber jetzt nicht auch noch nebenbei verarbeiten kann. Durch ein schnell gesagtes »Warte mal!« und einen Fingerzeig nach vorn ist seine Konzentration wieder auf den Redner gerichtet.

Die Annahme, durch das Essen von Milchprodukten könnte man Osteoporose vermeiden, ist falsch. Im Gegenteil, die Milchfette führen zu einer Entkalkung der Knochen. Mir wirbelt alles im Kopf durcheinander. Nun behauptet er auch noch, Knochendichte hat nicht unbedingt etwas mit Osteoporose zu tun. Die Behauptung, die er aufstellt, begründet er mit dem Vergleich von Blei und Eisen. Blei hätte eine viel stärkere Dichte als Eisen und ist trotzdem lange nicht so stabil. Habe ich da jetzt irgendetwas falsch verstanden?

Meine Aufmerksamkeit ist wieder voll bei Dr. Werner. Wissenschaftlich erklärt er Zusammenhänge und Wirkungsweisen von Milchfetten, Eiweißen, Kalzium und anderen Bestandteilen der Milch nicht nur in Bezug auf den Menschen an sich, sondern auch auf die unterschiedlichen Menschenrassen. Mitteleuropäer reagieren auf die Laktose der Milch mit Verstopfung. Sie können durch den Verzehr von Milch seit Generationen diesen Bestandteil teilweise verarbeiten. Die negroide in Afrika lebende Menschenrasse reagiert auf Laktose der Milch mit Durchfällen. Das Fazit aus dieser Feststellung: Wenn man in Afrika hungernden geschwächten Kindern oft als erste Hilfe große Mengen an Milchpulver schickt und diese dann auch davon gut gesättigt sind, sterben sie sehr oft an den Durchfällen, die sie durch diese Unverträglichkeit bekommen.

Aber weiter geht es mit den Horrornachrichten über mein Lieblingsnahrungsmittel und den aus ihr hergestellten Produkten, durch deren Genuss der Cholesterinspiegel ansteigt, das Immunsystem geschwächt, der Diabetes des Typs I gefördert, der »Graue Star« negativ beeinflusst, die Unfruchtbarkeit von Mann und Frau gesteigert wird und Allergien entstehen. Nein, nein, das behauptet der gute Mann da vorn nicht nur, er beweist es uns auch anhand der Ergebnisse von verschiedenen Versuchen, Untersuchungen und Tests, die in den USA und in Großbritannien durchgeführt wurden. Der Bildwerfer zeigt die Ergebnisse schwarz auf weiß an der Wand. So, nun macht er auch noch meinen Lieblingskäse, den Hartkäse, oder auch Schnittkäse genannt, mies. Der sei so tot, dass nicht einmal die Bakterien daran etwas zum Knabbern fänden. Haha, mein Schnittkäse bei mir zu Haus schimmelt manchmal in der Folie, überlege ich mir, in der Hoffnung, er möge nicht mit allen seinen Behauptungen Recht haben. Die weiteren Erläuterungen zum Lebensmittel Käse erklären das Sprichwort »Käse schließt den Magen«. Oh, dies tut er wirklich. Die nächsten Erklärungen beweisen mir wieder, welch ein Wunderwerk der Natur unser Körper ist. Zwischen Magen und Zwölffingerdarm liegt so eine Art Schleuse oder Chemiekontrollstelle, an der kontrolliert wird, ob schon alle Nahrung entsprechend dem nächsten Verdauungsabschnitt vorbereitet ist. Aber das kann z. B. bei Hartkäse etliche Stunden dauern. Die zusätzlich aufgenommene, für uns vielleicht wertvolle Nahrung, wird dabei so übersäuert, dass sie kaum noch für uns verwertbar ist.

Da habe ich doch vor längerer Zeit mal gehört, die Energie, die wir durchs Essen gewinnen, wird fast zu 75 % wieder zur Verdauung benötigt. Resultiert der Energieverlust für die Verdauung vielleicht daher, weil wir die falschen Speisen zu uns nehmen?

Während meiner Überlegungen werde ich von der Seite angestoßen von Katrin, die mich fragt: »Schläfst du oder bist du sprachlos?« Nun sehe ich, alle um mich herum sind aufgestanden und spenden begeistert Applaus.

Auch mich reißt es vom Sitz hoch und ich klatsche eifrig in die Hände. Dr. Werner stellt sich jetzt unseren Fragen. Das allerdings ist nicht so mein Ding, obwohl ich manches noch von ihm wissen möchte, höre ich lieber zu, was die anderen zu fragen haben. Doch irgendetwas lenkt mich ab, ich habe das Gefühl, als würde mich jemand beobachten. Komisch, ich sehe niemanden, der direkt zu mir herschaut. Nun konzentriere ich mich wieder auf die Antworten unseres Doktors, doch das Gefühl, beobachtet zu werden, bleibt.

Willi neben mir diskutiert jetzt mit Dr. Werner über Alternativen zu Milch- und Fleischprodukten. Na prima, nun werden wir alle Vegetarier. Jetzt wird auch noch aus einer anderen Ecke eingeworfen, mehr als zwei Drittel der Weltbevölkerung ernähre sich schon immer vegetarisch, man müsse dabei an die Völker in Afrika, Indien und auch an die Urvölker in Amerika denken.

Aus dem Publikum kommt die Anfrage, ob zum nächsten Treffen jemand eine Idee für einen Vortrag, eventuell zu gesundem Essen, hat. Katrin erklärt mir, dass sich die hier auf Mallorca niedergelassenen Deutschen regelmäßig treffen und dabei auch recht interessante Sachen machen. Sie beschließen schon in drei Tagen ein Schaukochen zu veranstalten. Da dies unter der Aufsicht von Dr. Werner geschehen soll und der nicht mehr lange auf Mallorca sein wird, muss der Termin schnell gewählt werden. Die Frauen beginnen auch gleich mit dem Organisieren des Treffens für den kommenden Dienstag.

Katrin gibt mir ein Zeichen, und wir versuchen möglichst leise aus dem Raum zu gehen. Draußen empfängt uns schon eine Gruppe jüngerer Leute mit den Worten:»Eh, wo bleibt ihr so lange?« Es beginnt ein kurzes, aber herzliches Umarmungsritual, bei dem ich auch einbezogen werde. Dann wird mir erst einmal grundlegend klargemacht, wir sind hier alle per du. Okay, mir ist das recht.

Schnell steigen alle in ihre parkenden Autos. Neben Katrin sitzend, frage ich sie, wohin wir fahren, aber sie zuckt nur mit den Schultern und meint, ich solle mich überraschen lassen.

Wir fahren durch die Dunkelheit und sprechen über den eben gehörten Vortrag. Auch für Katrin ist das eben Gehörte neu. Sie findet es ungeheuerlich, was wir uns, zum Teil aus Unwissenheit, aber auch direkt fehlgesteuert durch die Werbung, antun. Von Kindesbeinen an werden wir aufgefordert, Milch zu trinken, von unseren Eltern, Großeltern und auch Lehrern. Unsere Überlegungen gehen jetzt zu dem Punkt, inwieweit die Manager der Großproduktion darüber informiert sind. Für den Kleinunternehmer und die Bauern sind diese Erkenntnisse wahrscheinlich genauso neu wie für uns.

Katrin denkt dabei auch an ihre Eltern, die ja auch, um Alternativen zu finden, nach ihrer Hippiezeit mit noch anderen Gleichgesinnten so eine Art Kolchose, oder wie man heute sagt, einen Biobauernhof, aufgebaut haben. Bei ihnen geht es vor allen Dingen um gesunde Biolebensmittel, die mit viel Aufwand und Liebe produziert werden. Natürlich geht es da auch um Molkereiprodukte. Allerdings aus Ziegenmilch! Wir überlegen, ob da ein Unterschied zu den Produkten aus Kuhmilch besteht. Wie sagte Dr. Werner: Kuhmilch ist nur etwas für junge Kühe? Ist Ziegenmilch nur etwas für junge Ziegen? Es wurde bei dem Vortrag auch gesagt, dass jede Spezies die für sie entsprechende Milchzusammensetzung hat.»Da stürzen Welten für meine Eltern ein«, meint Katrin.

Im Stillen denke ich mir, nicht nur für Katrins Eltern, sondern für unvorstellbar viele rechtschaffene Menschen ist dies unglaublich. Ohne Zweifel, nahrhaft und schmackhaft sind viele Milchprodukte. In der jetzigen Zeit muss wohl jeder noch für sich allein entscheiden, ist Milch für mich das Richtige oder eben nicht. Mein Beitrag zu dieser Sache wird sein, dass ich meine Kundschaft und Mitmenschen in Deutschland aufkläre, wenn sie es zulassen.

Eins habe ich gelernt, man kann niemanden von einer noch so guten und gesunden Sache überzeugen, wenn der andere nichts davon wissen will.

Ein Freund von mir, ein lieber und netter Kerl, war von seinem neuen Wissen oft so erfüllt, dass er glaubte, jedem helfen zu können und zu müssen. Aber es wurden keine Erfolge für ihn, denn, so glaube ich erkannt zu haben, für neue Aspekte des Lebens muss man erst reifen und bereit sein. Der eben genannte Freund wurde nicht nur mitleidig belächelt und beschimpft, sondern auch von den Personen gemieden, denen er nur helfen wollte. Seine Weisheiten sind zum Teil für mich recht gut, ich habe viel von ihm gelernt und auch viel Nutzen daraus gezogen.

Jetzt taucht das Lichtermeer einer großen Stadt vor uns auf. Das kann nur Palma sein. Wir fahren längere Zeit aufwärts und halten dann unter großen Bäumen an. Die anderen Autos sind schon vor uns angekommen. Gemeinsam gehen wir unter den Bäumen entlang und vor uns öffnet sich der Blick: »Palma liegt uns zu Füßen.« Es ist beeindruckend. Die Stadt liegt wie ein riesiges beleuchtetes Passagierschiff unter uns im Hafen. Links, auch etwas erhöht, wird die große Kathedrale mit Flutlicht angestrahlt. Ich sage zu Katrin: »Allein für diesen Blick hat sich die Fahrt hierher gelohnt.« Sie nimmt meine Hand und drückt sie leicht und meint, sie fahre auch manchmal allein hierher, um nachzudenken. Wieder habe ich dieses komische Gefühl, als würde mich jemand beobachten.

Pure Lebenslust

Lachend ziehen wir gemeinsam mit den anderen zu einem sehr alt wirkenden Gebäude, aber durch die Dunkelheit ist es nicht richtig zu erkennen. Eine große Bogentür quietscht beim Öffnen. Beim Durchschreiten fühle ich mich ins Mittelalter versetzt. Wir kommen in einen Gewölberaum mit weiß getünchten Wänden. Der Raum ist spartanisch mit einer langen Tafel, auf der derbe Gläser stehen, und mit Stühlen ausgestattet. Der Tisch ist mit großen weißen Kerzen geschmückt, die dem Ganzen ein mystisches, aber auch gemütliches Flair geben. Oliven, Weißbrot und Weinkaraffen runden das Ganze ab.

Gerade wollte ich mit Katrin zu den noch nicht besetzten zwei Stühlen gehen, da fällt mein Blick auf die Stirnseite des Tisches. Lässig sitzt dort ein Mann, der für mich eine solche Faszination hat, dass ich nicht weggucken kann und abrupt stehen bleibe. Sekundenlang schauen wir uns in die Augen, bis er mich anlächelt und ich mir meines Tuns bewusst werde. Nun werde ich auch noch rot wie ein Backfisch.

Durch Katrin geschoben, komme ich zum Tisch und setze mich. Im Raum ist lebhaftes Stimmengewirr. Der Mann an der Stirnseite wird von einem der am Tisch Sitzenden mit den Worten bedacht: »Mark, wie schade, du warst nicht mit zum Vortrag, weil du hier alles vorbereitet hast.« Der Angesprochene schüttelt den Kopf und meint, er sei nur etwas früher von dort losgefahren, um hier noch etwas vorzubereiten. Die anderen lachen und sind der Meinung, dass er bei der Ausstattung des Raumes als Künstler wieder ganze Arbeit geleistet hat. Er reagiert nicht weiter auf die Späße der anderen und erhebt stattdessen sein Glas. Auch wir erheben unsere Gläser und wollen auf den heutigen Abend trinken. Doch bevor ich trinke, sehe ich, wie Mark mir noch einmal in die Augen schaut und irgendwie ganz persönlich und unerklärlich intim zuprostet. Spinne ich denn jetzt total? Mir kribbelt der ganze Körper, ich bin betrunken, ohne einen Tropfen getrunken zu haben. Von der Seite treffen mich fragende Blicke von meiner Begleiterin. Ich schaue sie an und kann nur mit den Schultern zucken, weil ich selbst nicht weiß, was mit mir geschieht.

»Bis jetzt bin ich die Einzige, die mit Mark näheren Kontakt hat, ich kenne ihn von früher, als wir Kinder waren und auf Ibiza mit unseren Eltern lebten«, tuschelt mir Katrin ins Ohr. Gerade will sie noch weiterreden und mich über Mark aufklären, als mich wieder das Gefühl überrascht, beobachtet zu werden. Doch diesmal noch viel heftiger, mein Rücken wird regelrecht heiß. Hinter mir höre ich eine raue Männerstimme, die sagt:»Katrin, du wirst doch nicht über mich ohne mein Beisein reden? Stell' mir lieber deine neue Freundin vor.«

Jetzt errötet auch Katrin und meint:»Mark, du weißt doch, ich bin immer eine dich liebende Freundin. Hier neben mir sitzt Karla und wenn du mehr von ihr wissen willst, musst du sie selber fragen, mir hat sie auch noch nichts von sich erzählt. Sie ist genauso ein Typ wie du, der sich nicht gleich in die Karten gucken lässt.« Sie steht schnell auf und bietet Mark ihren Platz an. Er grinst, umarmt sie rasch und drückt ihr einen Kuss auf die Wange.

Mir ist dies alles etwas peinlich, ich möchte hier auf keinen Fall jemanden verletzen und am wenigsten Katrin. Doch als ich mich jetzt Mark zuwende und ihm in die Augen schaue, wird alles andere um mich herum unwichtig.

Was soll das? Ich höre mich sagen:»Schön, dich endlich zu treffen.« Er zieht mich vom Stuhl hoch und ich merke, wie wir nach einer Musik tanzen, die von unendlich weit her zu klingen scheint. Alles ist leicht und unbeschwert. Ich bin nur noch Gefühl. Mich durchströmt eine unendliche Schwere und Süße, ich gleite mit ihm dahin und bin dabei doch hellwach. Mark nimmt von irgendwoher eine Gitarre und spielt in inspirierenden Rhythmen, die mir direkt ins Blut zu schwingen scheinen. Wieder schaut er lächelnd zu mir und als hätten wir dies schon oft miteinander getan, fange ich, beflügelt von den Klängen, zu tanzen an. Das Gefühl, selbst Rhythmus zu sein, lässt mich dahinwirbeln und jeden Ton in Bewegung umsetzen. Nichts könnte mich jetzt von meinem Tun ablenken, noch nie war ich meinem wahren Selbst so nah. In mir sind Glück und Freude, die ich durch mein Tanzen zum Ausdruck bringen kann. Bin das ich, ohne alle auferlegten Zwänge? Mein Gefühl für Zeit ist ausgeschaltet. Meine Tanzbewegungen werden wie die Klänge der Gitarre immer ekstatischer und enden wie ein Aufschrei zusammen mit der Musik. Plötzlich werde ich hochgehoben und getragen. Sie rufen:»Mark, spiel für uns alle!« Wir wiegen uns nach ruhigen, sehr gefühlvollen Klängen. Alle lächeln mich an und ich bin in diese Gruppe integriert, als würde ich schon immer dazugehören. Bis spät in die Nacht hinein lachen, singen und tanzen wir.

Mark sitzt weit von mir entfernt am anderen Ende des Tisches, und obwohl wir nicht mehr miteinander gesprochen haben, ist seine Anwesenheit für mich sehr präsent. Mir wird gerade bewusst, ich weiß nicht einmal, wie er aussieht, denn hier bei Kerzenschein nehme ich ihn nur als eine sportliche, sich sehr gewandt bewegende Person wahr. Egal wie er aussieht, er hinterlässt in mir einen starken Eindruck. Nicht nur das, er hat einen so starken Einfluss, dass ich mich aus allen meinen Zwängen befreien kann. Obwohl ich doch eigentlich darauf bedacht bin, nicht allzu viel von mir preiszugeben, bereue ich nicht eine Sekunde meines wilden, aufregenden Tanzes.

Katrin kommt jetzt zu mir. Wir beschließen, uns zu verabschieden und zu fahren.

Am Auto steht plötzlich Mark neben uns und wir bekommen beide einen Abschiedskuss auf die Wange gedrückt. Als er mir dabei näher kommt, flüstert er mir zu:»In dir schlummert noch mehr.« Da muss ich doch lachen und frage ihn ironisch:»Bist du etwa mein Erwecker?« Wir hören noch sein schallendes Lachen, als wir losfahren.

Schweigend fahren wir durch die Nacht. Doch dann fragt mich Katrin:»Was war das denn heute mit dir?« Darauf kann ich ihr keine rechte Antwort geben, alles würde so geschwollen klingen.

Auf ihre Frage, wie ich für Mark empfinde, kann ich ihr nur erklären, dass ich keine Worte habe für meine Gefühle, die so neu, so anders als das bisher Gekannte sind. Als ich zu ihr rüberschaue, glaube ich, sie weinen zu sehen. Als ich meine Hand auf ihre Schulter lege, schluchzt sie auf. Ich bitte sie anzuhalten und nehme sie in den Arm. Sie meint dann:»Alles schon wieder in Ordnung.« Doch ich bohre ein bisschen und versuche etwas aus ihr herauszubekommen.

Nach meiner Frage bezüglich ihrer Stellung zu Mark schaut sie mich an und beginnt zu erzählen:»Eigentlich liebe ich Mark schon seit der Zeit, als wir Kinder waren und er immer mein großer Held und Beschützer war. Bis heute habe ich geglaubt, weil keine andere Frau je so viel Einfluss wie ich auf ihn hatte, er würde mal irgendwann bemerken, dass ich mehr bin für ihn als seine Freundin oder Schwester. Diese Illusion ist heute gestorben. Er ist zwar schon immer der stärkste Typ, den ich kenne, aber heute hat er sich selbst übertroffen beim Gitarrenspiel, du hast ihn genauso inspiriert wie er dich. Ich konnte die Gefühle und die Funken, die da zwischen euch zündeln, regelrecht körperlich spüren. Glaub' mir, ich liebe den Kerl wirklich und darum will ich auch, dass er glücklich wird.«

Behutsam lege ich einen Arm um ihre Schulter und bin erst einmal sprachlos. Während ich vorsichtig über ihr Haar streiche, überlege ich, was zu sagen ist.

»Katrin, ich bin selbst verwirrt und bin mir meiner Bedeutung für Mark nicht sicher. Du hast Recht, irgendetwas war da zwischen uns, aber ich kann es nicht deuten. Außerdem habe ich Probleme in Deutschland, die ich klären muss. Eigentlich wollte ich hier nur mal eine kleine Auszeit vom täglichen Einerlei erleben und Energie auf Mallorca tanken.«

Plötzlich packt mich Katrin mit beiden Händen an den Oberarmen und schüttelt mich.»Du darfst die Sache mit Mark nicht so einfach abtun, merkst du nicht, wie einmalig das da zwischen euch ist? Für mich wird er immer nur der Beschützer sein, auch wenn du gehst.«

Mir wird die ganze Situation unbehaglich. Ich versuche sie zu beruhigen, indem ich sage:»Katrin, wir werden sehen, was kommt, ich glaube, wir sind etwas übermüdet, lass' uns fahren.«
Bei meinem Hotel angekommen, mache ich das Licht im Auto an und sehe, wie geschafft Katrin aussieht. Lächelnd schaue ich sie an und überzeuge sie mit einer List, bei mir im Hotelzimmer in dem leer stehenden zweiten Bett zu übernachten. Indem ich sie necke, sie sei doch wohl zu feige, mit mir heimlich nach oben zu kommen, erwidert sie mein Lächeln und stimmt dem Vorhaben zu. Wir schleichen unbemerkt wie zwei Verschwörer nach oben. Nach sehr kurzer Abendtoilette kann ich endlich ins Bett fallen. Neben mir ist Katrin schon eingeschlafen.

Die Sonne scheint durch die offene Balkontür in mein Bett. Katrin ist im Bad und duscht ausgiebig. Auf meiner rechten Seite liegend, kann ich eine Palme beobachten, deren Wedel sanft vom Wind gewiegt werden. Das gegenüberliegende Hotel ist geschlossen, die haben schon Saisonschluss. Ich ziehe mein Hemd aus und genieße die warme Sonne auf meiner Haut.
Von unten dringt Geklapper von Geschirr zu mir herauf und ich merke, wie sich bei mir ein Hungergefühl bemerkbar macht.
Heute werde ich nur faulenzen und mich mal wieder bei meiner Familie melden.
Jetzt kommt Katrin aus dem Bad. In Windeseile bin ich geduscht und angezogen und wir können zum Frühstück gehen. Unten melde ich Katrin als meinen Besuch zum Frühstück an. Heute ist Sonntag, da verwöhnt man uns mit Sekt zum Frühstück. Wir unterhalten uns erst über belangloses Zeug. Nachdem wir uns so richtig schön durchs Frühstücksbuffet geschlemmert haben, bleiben wir noch etwas mit unseren Sektgläsern sitzen. Katrin erzählt mir:»Heute Nachmittag passe ich wieder auf Tim auf. Seine Mutter kommt

heute von der Kur zurück. Willi will sie, damit sie noch etwas Ruhe hat, allein abholen.« Sie fragt mich, ob es mir recht ist, wenn sie mich demnächst wieder abholt. Darauf antworte ich ihr ehrlich, dass ich mich auf sie freue.

Dann gehen wir zu ihrem Auto und umarmen uns zum Abschied herzlich.

Neues entdecken

Endlich liege ich am Meer im Sand und genieße es, einfach nur so dazuliegen. Da ich ein dunkler Hauttyp bin und mich auch mit Sonnenschutz eingecremt habe, kann ich es mir auch erlauben, einfach noch ein bisschen in der Sonne zu schlafen.

Aber da fällt mir ein, ich wollte doch heute Morgen unbedingt meinen Sohn Udo anrufen. Nun ist es mit meiner Ruhe vorbei. Schnell krame ich aus meiner Strandtasche das Handy hervor und wähle die schon für Deutschland vorprogrammierte Telefonnummer zu unserem Hausanschluss. Es dauert meinem Empfinden nach unendlich lange, bis abgenommen wird und ich höre:»Hier Praxis Renner und Co.« Da habe ich meinen lieben Jürgen an der Strippe und bin sofort sauer, denn der wollte doch heute bei seiner Mutter zum Geburtstag in Leipzig sein. Dies war eigentlich der Hauptgrund, warum ich allein nach Mallorca gefahren bin.

»Hallo, sei gegrüßt, bist du okay, weil du nicht in Leipzig bist und ist mit Udo alles in Ordnung?«, frage ich, nun doch etwas ängstlich geworden.

Nach einer kurzen Pause antwortet mir Jürgen:»Grüß dich, also erstmal zu deiner Beruhigung, Udo ist bei seinem Vater. Er hat dort mit seinem Stiefbruder irgendetwas ganz Wichtiges zu erledigen. Zu deiner anderen Frage: Ich bin auch gesund und munter. Zu Mama bin ich nicht gefahren, weil ich heute Nachmittag die Handballer bei ihrem Endspiel betreuen werde. Mama hat vollstes Verständnis dafür, sie meint, es wäre doch auch schöner, wenn du und ich zusammen zu ihr kämen. Du weißt, sie freut sich doch immer so auf dich.«

Mir kreiseln hundert Antworten im Kopf herum, die ihm sicher nicht gefallen würden. Aber an erster Stelle bin ich erst einmal froh, dass zu Hause alles seinen normalen Gang geht. Auf Jürgen bezogen, nur allzu normal. Schnell berichte ich, so nett wie möglich, vom schönen Wetter, wie gut ich mich erhole und verabschiede mich dann schnell.

Um Hartmut, meinen ehemaligen Mann anzurufen, muss ich noch die Vorwahl verändern, um die einprogrammierte Nummer hier von Mallorca aus wählen zu können. Hoffentlich erreiche ich Udo bei ihm. Schon nach dem zweiten Rufzeichen wird abgehoben und ich erkenne Hartmuts Stimme, die mir noch einen schönen Urlaub wünscht und meinen Sohn ruft.

Endlich höre ich Udos Stimme:»Hallo, Mütterlein, schön dich zu hören. Ich habe mir gewünscht, dass du heute anrufst, und siehe da, es klappt. Wie geht es meiner allein reisenden Mutter, machst du Mallorca unsicher? Wie ist das Wetter? Kannst du noch baden? Erzähl mal!«

Er schafft es gleich, mich mit seinem Geplapper glücklich zu machen. Zwar bin ich für ihn, wie er immer spaßhaft sagt, der»Bestimmer«, aber ansonsten sind wir auch gute Kumpel.»Also mein Schatz, sei gegrüßt! Und nun in Kurzform zu deinen Fragen: Wetter super, bade täglich mehrmals und gestern war ich bis spät in der Nacht mit Freunden aus, die ich bei einem Vortrag kennen gelernt habe. Aber warum hast du auf meinen Anruf gewartet? Hallo, bist du noch dran?«

»Ja, hier war so ein Knacken in der Leitung. Na, ich wollte dich fragen, ob du nächstes Wochenende deinen Lieblingssohn mit seinem Vater und seinem Stiefbruder zum Fußball nach Leipzig fahren lässt? Wir wollen dort übernachten und mal so richtig zwei Männertage machen. Es ist nur, weil wir uns dann nur so kurz sehen, wenn du zurück bist.«

Amüsiert, nach kurzem Überlegen, antworte ich ihm:»Wenn dein Vater damit einverstanden ist, glaube ich, wir halten es noch ein Wochenende ohne enge Mutter-Sohn-Beziehung aus. Vielleicht komme ich dann auch erst am Wochenende zurück, wenn ich noch einen späteren Flieger bekomme. Ich denke, ich kann mich in puncto Schule wie immer auf dich verlassen. Tschüss, mein Schatz. Lass mich bitte noch mal mit deinem Vater sprechen.«

Ein fröhlicher Udo verabschiedet sich von mir und wünscht mir noch schöne Urlaubstage.

Hartmut erklärt mir, wie sehr er sich auf das Wochenende mit den beiden Jungen freut und erzählt mir sofort ungefragt, wie perfekt alles mit Udo und auch mit der Schule klappt. Nun bestelle ich nur noch Nina, seiner Frau, liebe Grüße und beende erleichtert das Gespräch.

Wie jedes Mal stelle ich wieder fest, was doch mein ehemaliger Mann für ein netter Mensch ist. Wir haben damals, als ich achtzehn und er gerade neunzehn war, geheiratet. Das war eine Katastrophe. Wir waren beide total unreif und liebten uns wie Geschwister, die sich noch gegenseitig etwas beweisen mussten. Als ich dann Udo mit noch nicht einmal neunzehn Jahren bekam, waren wir beide total überfordert. Hartmut musste zur Armee und ich war in meinem Stolz gekränkt, weil er nicht versuchte, sich für eine gewisse Zeit von seiner Armeepflicht zurückstellen zu lassen, um für mich und das Kind da zu sein. Heute ist mir klar, die Trennung und Scheidung, die dann kam, war für uns beide notwendig. Die Gefühle zwischen uns waren unreif. Damals habe ich noch nicht begriffen, wenn man einen anderen Menschen braucht, hat dies meistens nichts mit Liebe zu tun. Liebe ist Geben, ohne etwas dafür zu erwarten, weil man erfüllt ist von der Liebe aus sich selbst heraus.'

Ob ich heute liebesfähig bin, weiß ich nicht. Jedenfalls freue ich mich für Hartmut und Nina, die haben eine Beziehung zueinander, die ist irgendwie stimmig. Auch heute könnte ich noch sagen, Hartmut ist immer noch wie ein Bruder für mich. Mich verbindet eine freundschaftliche Beziehung zu ihm und seiner Frau.

Nun wandern automatisch meine Gedanken zu Jürgen. Anfangs war unsere Beziehung sehr Erfolg versprechend. Wir lernten uns damals in einem kleinen Krankenhaus, etwas außerhalb von Berlin, kennen. Ich wohnte mit Udo in einer hübschen kleinen Wohnung nahe dem Krankenhaus, in dem ich als Krankenschwester arbeitete.

Jürgen traf ich das erste Mal beim Volleyball auf dem Klinikgelände. Schwestern, Therapeuten und Ärzte spielten dienstags um 16:00 Uhr Volleyball zum psychischen und körperlichen Ausgleich, wie es der Leiter des Krankenhauses nannte. Es war eine Lust, mit Jürgen in einer Mannschaft zu spielen. Er konnte so lässig Bälle stellen und zuspielen. Die anderen sorgten dann immer dafür, dass Jürgen und ich in unterschiedlichen Mannschaften spielen mussten, der Fairness halber. Dann kamen wir uns näher. Wir gingen des Öfteren aus oder unternahmen gemeinsam mit Udo Spaziergänge und Ausflüge. Jürgen arbeitete in dem Krankenhaus als Physiotherapeut. Unsere Arbeit und der Umgang mit Patienten waren uns schon damals sehr wichtig. Alle Neuigkeiten auf dem medizinischen Sektor wurden von uns durchdiskutiert, ihre Anwendung erwogen oder auch als für nicht günstig verworfen. Schon damals kristallisierte sich dabei heraus, dass Jürgen sich mehr für die herkömmliche medizinische Richtung und ich mich mehr für die Alternativmedizin interessierte. Wir diskutierten damals nächtelang. Dabei kamen wir uns immer näher und wurden ein Liebespaar.

Jürgen ist eigentlich für Frauen ein Traumtyp, er ist groß, sportlich muskulös, hat schwarze Haare, ein kantiges Gesicht und wirkt immer sehr gepflegt. Die anderen nannten uns immer »das Traumpaar«. Wenn ich mich selber beschreiben sollte, würde ich sagen, optisch bin ich ihm sogar ähnlich. Mein schwarzes Haar ist allerdings 20 Zentimeter länger als das seine. Meine Gesichtszüge sind weicher, aber nicht nur, weil ich eine Frau bin, sondern, so glaube ich jedenfalls, weil ich charakterlich anders bin. Denn ich werde wohl nie so eine Kämpfernatur wie er sein und mit aller mir möglichen Kraft meine Ziele durchsetzen.

Wir fingen an, davon zu träumen, uns gemeinsam eine Praxis aufzubauen. Er drängte, ich solle mich als Masseurin ausbilden lassen, um dann gemeinsam arbeiten zu können.

Damals war Udo gerade zur Schule gekommen und ich entschloss mich, für ihn da zu sein und keine neue Ausbildung zu diesem Zeitpunkt zu beginnen. Aber ich beschäftigte mich weiter mit alternativer Medizin und begann mit einer Ausbildung zur Fußreflexzonentherapeutin. Diese Ausbildung war berufsbegleitend und setzte sich aus vier oder fünf Einzellehrgängen zusammen. Außerdem waren die Lehrgänge in Berlin, sodass ich abends zu Hause sein konnte.

Diese Ausbildung war für mich so aufschlussreich und interessant und wurde dadurch richtungweisend für meine Zukunft. Es folgten etliche Weiterbildungen und Fortbildungen. Der Traum von der gemeinsamen Praxis wurde dann durch einen Anstoß des Lebens zur Wirklichkeit. Jürgen war Stellvertreter des leitenden Physiotherapeuten. Als dieser pensioniert wurde, stand fest, Jürgen wird der Nachfolger. Doch bei der Verabschiedungsfeier des Kollegen stellte der Personalchef einen neuen Mitarbeiter vor, der künftig die Physiotherapie leiten sollte. Das war für Jürgen der absolute Tiefschlag. Nicht so sehr, weil er unbedingt den Posten haben wollte, sondern, weil er sich seit Jahren über das Übliche hinaus für die Physiotherapie des Krankenhauses einsetzte. Er empfand es damals als Undankbarkeit. Und darüber musste ich schon damals lächeln. Mir ist heute wie damals klar, wenn ich etwas über das übliche Maß hinaus oder etwas für die Allgemeinheit tue, dann nur, weil ich es will und weil ich es mit Freude tue.

Danach ging alles sehr schnell. Jürgen fand durch einen Patienten eine Villa, die sich für unsere Zwecke eignete. Als er mir die Räumlichkeiten zeigte, war eigentlich alles schon perfekt. Er erwartete von mir nur noch Zustimmung und Begeisterung. Ich hatte doch ein paar Bedenken bezüglich der Größe der Villa, doch er stempelte mich als Miesmacher ab. Finanziell bräuchte ich mir keine Sorgen zu machen, meinte er, dies würde er alles regeln.

Inzwischen hatte ich noch verschiedene Lehrgänge besucht, die es mir erlaubten, im Wellnessbereich (Krankenkassen unabhängig) zu arbeiten.

Also gab ich meine Zustimmung und wir stürzten uns in das Abenteuer Selbstständigkeit.

Von da an arbeitete Jürgen zehn bis zwölf Stunden am Tag. Er ging total in seiner Arbeit auf. Unser Unternehmen expandierte, besser gesagt, Jürgens Unternehmen expandierte, denn wir haben nie geheiratet. Ich glaube, dazu war einfach keine Zeit. In die finanziellen Dinge der Praxis hatte ich nie Einblick, hatte auch nie Interesse daran.

Oh, ich habe es nie bereut, meinen sicheren Krankenhausposten damals gekündigt zu haben. In einem separaten Bereich der Villa bekam ich mein Reich. Ich begann, mit viel Elan und Freude zu wirken. Eine nette Kundin, die des Öfteren zu mir kommt, nannte einmal meine Abteilung so bezeichnend »Karlas Welt«. Das Wort Kundin oder Kunde ist für mich noch immer komisch, denn als Krankenschwester waren die, für die ich sorgte, immer Patienten. Aber ich fühle für meine Kundschaft noch immer so, wie für meine Patienten damals. Mein Anliegen ist es, sie auf ihrem Weg zum Heil ein wenig zu begleiten. Vielleicht auch mal einen kleinen Stups zu geben in die Richtung ihrer Selbstheilungskräfte und der Selbstverantwortung bezüglich ihrer Gesundheit.

Eigentlich war es dann wieder, wie vor dem Kennenlernen von Jürgen. In meiner Freizeit stellte ich mit Udo die tollsten Sachen an. Wir hatten uns ein Paddelboot gekauft und abends machten wir die Berliner Seen unsicher oder fuhren unsere privaten Radrennen. Na, nicht ganz, sonntags begleitete uns Jürgen, wenn er nicht gerade über seinen Abrechnungen und Praxisbüchern hing. Und nachts teilte ich natürlich mit Jürgen das Bett.

Da waren immer noch die Besuche bei seiner Mutter, einer sehr lieben älteren Frau. Jürgen hätte es gern gesehen, wenn ich diese Besuche immer ohne ihn gemacht hätte, denn seine Mutter erzählte ihm ständig, er solle sich mehr schonen und sie öfter besuchen. Sie unterstützte mich immer, wenn ich ihn überzeugen wollte, mal Urlaub zu machen. In den acht Jahren, die wir jetzt zusammenleben, habe ich es einmal geschafft, dass wir gemeinsam in den Urlaub gefahren sind. So, und dieser Mallorca-Urlaub sollte der zweite werden. Es ist ja nicht so, dass die Praxis ohne ihn gleich große Verluste hinnehmen müsste, nein, er hat inzwischen sieben Angestellte und durchaus kompetente Therapeuten, die ihn vertreten könnten. Es ist einfach so, die Praxis ist ihm wichtiger. Sie ist sein Leben.

Schluss und aus, ich will mir mit meinen Gedanken nicht diesen wunderbaren Urlaub vermiesen. Nur ein Gedanke kommt mir noch ins Bewusstsein, wenn ich an Jürgen denke: Ich denke nur noch in der Vergangenheit an ihn. Wie weit habe ich mich schon von ihm gelöst? Nachdem ich endlich mit dem Nachdenken aufgehört habe, kommen Sand, Meer, Wind und Wellen wieder in mein Bewusstsein und ich bin wieder im Hier und Jetzt.

Ein schwacher Wind ist aufgekommen und Wellen plätschern an den Strand. Gerade will ich mich in die Wogen stürzen, als ich links von mir ein paar Jungen Volleyball spielen sehe. Das kommt mir jetzt gerade recht, ich geselle mich zu ihnen. Es kommen auch noch ein, zwei Frauen dazu und das Spiel kann beginnen. Nun kann ich mich mal wieder so richtig austoben.

Nachdem ich noch ausgiebig gebadet habe, will ich jetzt hoch zum Hotel und versuchen, einen späteren Flug zurück nach Deutschland zu bekommen. Gegen 12:00 Uhr müsste die Reiseleiterin im Hotel sein.

Der Mann an der Rezeption gibt mir meinen Schlüssel und einen Zettel mit den Worten: »Eine Nachricht für Sie, Signorina.« Schnell bedanke ich mich und laufe die Treppe hoch in mein Zimmer. Wer schreibt mir hier eine Nachricht?

Mit Tinte geschrieben, wie gemalt, steht auf dem Zettel:

Meine liebe Karla, ich würde Dich heute gern treffen. Möchtest Du heute mit mir eine kleine Bootstour machen? Ich erwarte Dich gegen 14:00 Uhr am Eingang des kleinen Hafens von El Arenal.

Herzlichst Mark

Während ich mich dusche und anziehe, frage ich mich, ob ich wirklich mit Mark diese Bootstour machen möchte. Mein Entschluss steht fest, ich möchte. Eigentlich kann mich nichts davon abhalten. Nicht nur, weil ich eigentlich immer eine Möglichkeit zu einer privaten kleinen Bootstour gesucht habe, sondern auch, weil ich mir diesen Mark auch mal bei Tageslicht anschauen möchte. Als ich mit meiner Sporttasche die Treppen nach unten hüpfe, kommt gerade die Dame von der Reisegesellschaft. Das passt ja prima. Noch bevor sie ihre große Arbeitstasche ausgepackt hat, frage ich sie, ob ich meinen Urlaub um zwei Tage verlängern kann. Sie sieht diesbezüglich kein Problem und ich soll morgen wiederkommen und mir die Bestätigung holen.

Diese Antwort hatte ich mir genauso gewünscht. Ich nehme mir vor, von jetzt an öfter meine Wünsche ans Universum zu schicken, wie das die Schriftstellerin Bärbel Moor in ihren Büchern und Hörkassetten beschreibt. Wie war doch der Titel ihres Buches? Jetzt weiß ich es wieder:»Bestellungen beim Universum« hieß es. So wie diese Schriftstellerin müssten mehr Esoteriker und Autoren, die Lebenshilfe geben, schreiben. Sie hat so etwas Erfrischendes und Humorvolles, obwohl der Hintergrund durchaus ernsthaft ist.

Wieder auf der Promenade angekommen, lacht mir die Sonne entgegen. Fazit von meiner Grübelei am heutigen Vormittag ist, ich muss etwas in meinem Leben ändern. Dabei will ich es jetzt belassen, denn sich um ungelegte Eier den Kopf zu zerbrechen, lohnt sich nicht.

So, wie es in allen Lebenshilfen beschrieben wird, will ich vorausdenken, wie ich es gern hätte und nicht in dem wühlen, was ich nicht haben will. Man gibt der Sache, mit der man sich beschäftigt, Energie. Es ist also gut, kreativ in die Richtung zu denken, wie man sein Leben gern hätte. Die Gefühle spielen dabei eine große Rolle. Man muss sich mit seinen Vorstellungen und Gefühlen schon einmal in das erwünschte Leben hineinversetzen. Unser Unterbewusstsein speichert entsprechend unseren Gefühlen Bilder, denen entsprechend sich dann unser Leben gestaltet. Ob das hundertprozentig so ist, kann wohl keiner beweisen. Allerdings habe ich ständig beobachtet, was ich und auch andere Menschen fest glauben, geschieht auch so. Man hat immer Recht. Sind wir mit unseren Gedanken, Gefühlen und unserem Glauben die Schöpfer unseres eigenen Lebens?

Dr. Joseph Murphy, einer der Wegbereiter des positiven Denkens, erklärt in seinen Büchern, wenn man so lebt, als hätte man schon empfangen, setzt unser Unterbewusstsein alle Wege und Mittel in Gang, um unsere Wünsche Realität werden zu lassen.

Schreibt da nicht auch die Bibel so etwas Ähnliches wie: »Dankt, als hättet ihr schon empfangen.« Da ich auf keinen Fall bibelfest bin, muss ich das mal irgendwo gehört oder gelesen haben. Wenn das aber wirklich in der Bibel steht, so sind dies alles keine so neuen Weisheiten.

Auf dem Weg in Richtung ElArenal befinde ich mich jetzt in Höhe vom »Ballnearo 6«, dem uns in Deutschland fast allen bekannten »Ballermann«, der Peinlichkeit aller rechtschaffenen Menschen in Deutschland. Aber hier sitzen jetzt nur brav Familien und genießen die Sonne. Links von mir wird es jetzt etwas lauter. Hier wurde so eine Art Biergarten oder auch Großdisko in Form einer mittelalterlichen Ritterburg mit riesigen Bildschirmen eröffnet. Aus Neugierde gehe ich durch dieses riesige Burggelände. Es sind kaum Tische besetzt. Nur vorn, in Richtung zur Promenade, stehen ein paar Biertrinker und einige Paare. Auf zwei Tischen tanzen Mädchen in Stiefelchen, aber sonst spärlich bekleidet. Sie tanzen etwas lustlos nach typischen Ballermannhits.

Ich glaube, mich beißt gerade mein Affe. Schnell springe ich auf einen der leeren Tische und beginne einen wilden Tanz auf ihm. Die Männer fangen an zu johlen und ich werfe ihnen Kusshände zu. Jetzt kommen die Typen näher zu mir rüber und fangen an, wild zu klatschen. Da sehe ich, wahrscheinlich zu meiner Rettung, einen Kellner oder Rausschmeißer kommen. Indem er mir sicherlich eine Strafpredigt hoch zum Tisch senden will, stütze ich mich auf seinem Kopf ab, springe vom Tisch und laufe lachend, ohne mich umzusehen, schnell davon. Wenn ich ehrlich bin, hat mir das eben einen Mordsspaß gemacht. Und so laufe ich, vor mich hin kichernd, weiter. Jetzt wird die Promenade etwas enger und es fahren wieder Autos neben mir. Die Häuserfront in ElArenal wurde damals näher ans Meer herangebaut. Nun überlege ich, ob ich Mark auch erkennen werde. Neugierig bin ich schon, was mich heute erwartet. Außerdem freue ich mich riesig auf die Bootstour, bei diesem Wetter ist es genau das, was ich mir jetzt wünsche.

Vor dem Eisengittertor, an einem Pfosten, lehnt ein großer schlanker Mann. Er schaut, so scheint es mir, mit einem kleinen Lächeln im Mundwinkel zu mir herüber. Ja, das muss er wohl sein, dieser Mark. Nun zaubere ich mein herzlichstes Lächeln in mein Gesicht und gehe auf ihn zu. Hoppla, werden da etwa meine Knie etwas weich? Bin ich wieder in der Backfischzeit gelandet? Herrlich, welch ein Zauber umfängt mich mit meinen fast fünfunddreißig Lenzen. Der Mann, der mir jetzt entgegenkommt, muss meinen Träumen entsprungen sein. Ein Naturbursche mit dem Lächeln eines Kindes, der genau weiß, was er will.

Mit einem kurzen Ruck hebt er mich hoch und setzt mich nach einer halben Drehung wieder auf den Boden mit den Worten: »Ich habe gewusst, du kommst. Komm, wir wollen gleich los, ich habe heute viel mit dir vor.«

Wir laufen Hand in Hand zu den Docks, wo ein älteres Boot mit Motor und Segelstange liegt, in welches er mit mir einsteigt. Während Mark die Leinen löst, kann ich ihn gut beobachten. Seine Haut ist von der Sonne gegerbt, sein Haar, welches sich um seinen Kopf wuschelt, ist sonnengebleicht und er bewegt sich leicht und gewandt.

Nun dreht er mir seinen Kopf zu und fragt schelmisch: «Na, genüge ich deinen Ansprüchen oder bin ich bei deiner Begutachtung durchgefallen?«

Ertappt bei meiner Beobachtung, muss ich loslachen und antworte: »Kapitän, die Reise kann losgehen.«

Wir fahren aufs Meer hinaus, weil er glaubt, dass dort der Wind etwas aufgefrischt hat und wir die Segel setzen können. Das Boot, auf dem wir fahren, ist zwar nicht das neueste, man sieht ihm an, es wird benutzt, aber es hat alles, was man braucht, um es sich gemütlich zu machen. Inzwischen habe ich es mir auf einem der Sitze bequem gemacht und genieße wieder in vollen Zügen, wie ich es schon die ganze Zeit über hier auf Mallorca tue. Die einzelnen Dinge am Hafen und am Strand sind inzwischen für mich nicht mehr erkennbar. Jetzt sind wir so weit auf dem Meer draußen, dass ich Palma, durch die Landzunge von Can Pikafort sonst verdeckt, sehen kann. Mark kommt zu mir nach vorn und setzt die Segel. Nebenbei fragt er mich: »Schon mal gesegelt?« Ich erzähle ihm, wie Udo und ich mit unserem Paddelboot auf den Berliner Seen ein paar Mal versucht haben zu segeln. Natürlich ohne fachgerechte Anleitung.

Nun bekomme ich einige Hinweise bezüglich meines Verhaltens während des Segelns. Der Wind treibt uns jetzt zügig voran. Manchmal klatschen wir in ein Wellental und das Wasser spritzt hoch. Es ist ein herrliches Gefühl, so über das Wasser dahinzutreiben, man fühlt sich so frei und ungezwungen. Durch die lauten Segelgeräusche, das Klatschen der Wellen an den Bootskörper und das Knattern der Segel im Wind ist kein Gespräch zwischen uns möglich. Inzwischen haben wir die Bucht von Palma hinter uns gelassen. Das Ufer ist jetzt felsig. Mark steuert das Boot näher zum steil aufragenden Felsenufer und fährt, nachdem er die Segel gerafft hat, in einen kleinen Felseneinschnitt, den ich vorher nicht bemerkt hatte. Auf einmal umfängt uns Stille. Die Felsen halten den Wind ab und unser Boot liegt total ruhig. Mark verschwindet nach unten in die kleine Kajüte. Mir wird warm und ich ziehe meine Windjacke aus. Trotz der Sonne war sie beim Segeln notwendig.

Jetzt kommt Mark mit einem Tablett, das mit einer großen weißen Serviette bedeckt ist, zurück. Mit den Worten »Tata tata, das Buffet ist eröffnet« zieht er die Serviette vom Tablett und deckt den kleinen Tisch, den er zwischen uns hochgeklappt hat. Da erscheinen so niedliche kleine mundgerechte Häppchen, die wirklich lecker aussehen. Mir läuft regelrecht das Wasser im Munde zusammen und ich merke auch, dass ich Hunger habe. Nun zaubert er noch eine Flasche Rotwein auf das Tischchen. »Mark, du bist umwerfend und hast ins Schwarze getroffen, woher wusstest du, dass ich Hunger habe?«

»Dazu ist keine Hellsichtigkeit notwendig, eine Seefahrt macht immer hungrig«, meint er, verbunden mit einer Geste, die mir zeigt, ich soll nun endlich zugreifen.

Wir essen so leckere Sachen wie Lachsschnittchen, Salate in winzig kleinen essbaren Waffelbechern, Oliven und wir trinken den süffigen Rotwein mit Wasser.

»Wenn ich eine Katze wäre, würde ich jetzt schnurren«, teile ich Mark mit, als wir einander zulächelnd anstoßen.

»Wenn du eine Katze wärst, würde ich dich jetzt streicheln«, und indem er das sagt, setzt sich Mark neben mich und streichelt vorsichtig über mein Kinn.

Wow, durch meinen Körper zuckt es wie bei einem elektrischen Schlag. In mir sind Gefühle, mit denen ich noch nicht klarkomme. Also sage ich jetzt offen und ehrlich, was ich denke. »Mark, ich weiß nicht, was mit mir los ist, ich reagiere so eigentümlich auf dich. Aus dem Alter eines pubertierenden Backfischs bin ich heraus und trotzdem habe ich Gefühle für dich gestern schon empfunden, die ich rational nicht erklären kann. Sei mir nicht böse, aber der Sache möchte ich jetzt erst einmal auf den Grund gehen, bevor ich mich zu Gefühlen hinreißen lasse, denen ich mich nicht gewachsen fühle. Du musst wissen, ich beschäftige mich schon seit Jahren mit den Dingen, die unser Sein ausmachen, wie dem Unterbewusstsein, der Seele oder dem höheren Selbst und natürlich dem Ego, welches da immer glaubt, es muss der Bestimmer sein. Ich habe mir selbst zur Aufgabe gemacht, mich selbst zu erkennen und mich nicht von einmal gefassten Meinungen abhängig zu machen, will also intuitiv sein. Du musst dies so verstehen, ich möchte aus dem Bauch heraus entsprechend meinen Gefühlen leben, ohne erst immer fragen zu müssen, darf ich das.«

Nun schaue ich meinem lieben Mark tief in die Augen und denke so bei mir, jetzt hast du den armen Kerl total verprellt und überfordert.

Nach einer intensiven Pause schaut Mark mir ins Gesicht, als ob, ja... wie denn? Dann zieht er mich langsam und sehr bedacht an sich heran und fängt leise zu sprechen an.»Du bist eine erstaunliche Frau. Dies wusste ich schon, als ich dich das erste Mal aus weiter Ferne beobachtet habe. Dies hatte nichts mit deinem Äußeren zu tun, denn ich konnte dich nicht richtig erkennen. Meine Neugier war geweckt und ich versuchte, dich genauer zu betrachten, doch jedes Mal, wenn ich dir näher kam, drehtest du dich suchend zu mir um und ich schaute natürlich in eine andere Richtung, um meine Neugier nicht zu zeigen. Zu meinem Glück kamst du mit zu der kleinen Feier nach der Veranstaltung. Nicht nur ich habe dich zu deinem enthusiastischen Tanz inspiriert, durch dich konnte ich wie noch nie auf meiner Gitarre spielen. Es ging so leicht, so mühelos, als hätten wir dies schon immer gemeinsam getan. Da schwingt etwas zwischen uns, für mich ist es etwas Bedeutendes. Mit dieser Gewissheit bekam ich plötzlich Angst, irgendetwas falsch zu machen und ich machte mir so meine Gedanken, bevor du kamst. Und das passierte mir, wo ich doch immer glaube, allen Situationen gewachsen zu sein. Mit deiner Ehrlichkeit vorhin hast du mir gezeigt, dass da keine Angst zwischen uns zu sein braucht, die Resonanz zwischen uns ist so stark, weil wir uns sehr ähnlich sind. Warum und wieso dies so ist, weiß ich auch nicht.«

Alle Wetter, diese Antwort hätte ich in meinen kühnsten Träumen nicht erwartet. Ist dies der Mann, den ich mir vielleicht unbewusst beim Universum bestellt habe? Bis jetzt stimmt einfach alles an ihm. Höre ich da eventuell Zweifel, kann ich nicht an das für mich Vollkommene glauben? Karla, muss ich mich jetzt ins rechte Bewusstsein zurückversetzen, du weißt, dass der Spruch, der so viele Menschen glücklich, aber auch unglücklich macht, heißt:»Es geschehe nach deinem Glauben«.

Nun lehne ich mich entspannt an ihn und antworte:»Ja, ich habe gestern Abend gespürt, dass ich beobachtet werde. Indem ich auf meine Intuitionen achte, bin ich schon längere Zeit über feinfühliger geworden, aber so stark wie gestern, als ich von dir beobachtet wurde, waren meine Gefühle noch nie. Wie du schon mit der Resonanz erwähntest, Gleiches zieht Gleiches an. Vielleicht sind wir füreinander Spiegel, um im Außen zu erkennen, was in uns vor sich geht. Sicher können wir viel voneinander lernen. Es würde mich ehrlich freuen. Mein Sohn würde jetzt sagen: ›Fangen wir gleich damit an, und vielleicht und mal sehen, will ich jetzt nicht hören‹.

Mark lacht lauthals los und sagt:»Du hast also einen Sohn mit Unternehmungsgeist? Und willst mir außerdem mitteilen, dass es noch einige Dinge zwischen uns zu klären gibt. Ehrlich, so schnell ist bisher keine Frau, die ich kenne, auf den Punkt gekommen.«

»Gibt es denn viele Frauen, die da nicht auf den Punkt kommen?« Indem ich es frage, bereue ich die Frage schon. Dies ist wieder typisch weibliche Fragetechnik. Egal, ich bin ja schließlich auch eine Frau. Mark grinst und fragt mich, ob ich dies wirklich wissen möchte.

Jetzt könnte ich cool mit »nicht wirklich« antworten, aber da müsste ich lügen. Also antworte ich genauso cool mit: »Sonst würde ich nicht fragen.«

»Ich muss sagen, du bist wirklich erstaunlich«, meint Mark und schaut dabei ins Leere, spricht dann aber weiter, »das klingt jetzt überheblich und ich weiß nicht, ob ich das richtig ausdrücken kann, die meisten meiner Bekannten haben mich schnell gelangweilt und so habe ich für mich beschlossen, mich erst einmal nicht mehr mit Frauen zu befassen«.

Jetzt erwähne ich seine Beziehung zu Katrin und wie vermutet, ist da nur ein brüderliches Gefühl. Er erzählt mir lustige Geschichten aus ihrer gemeinsamen Kindheit.

Inzwischen haben wir alles aufgegessen und die Weinflasche ist bis auf einen winzigen Schluck geleert. Wir beschließen weiterzusegeln und in einer etwas größeren Bucht zu baden um dann gen Westen, dem Sonnenuntergang entgegen, zu fahren. Einmalig, schöner hätte der Tag nicht verlaufen können. Ich glaube, für uns beide sagen zu können, wir haben jede Minute voll bewusst genossen. Alles, was zwischen uns gesagt werden musste, ist gesagt worden. Mit dem Gefühl, Mark schon lange zu kennen, sitze ich an ihn gelehnt und beobachte mit ihm den Sonnenuntergang. Zwischen uns wird immer das sein, was sich gut und richtig anfühlt.

Gefühle gestatten

Während ich die Promenade entlangschlendere, um ein paar Mitbringsel für zu Hause einzukaufen, fühle ich ein bisschen in mich hinein. Jetzt könnte ich dies, wie ich es früher immer getan habe, so beim Laufen nebenbei tun. Aber ich habe ja gelernt, keine halben Sachen mehr zu machen und darum setze ich mich jetzt hier auf diese Bank und denke bewusst im »Hier und Jetzt«.

Gestern, als mich Mark zu meinem Hotel brachte, haben wir beschlossen, uns gegenseitig etwas Zeit zu lassen. Mehr als ein zärtliches Küsschen zum Abschied war nicht. Warum dies so und nicht anders passierte, war wohl ein unausgesprochenes Übereinkommen.

Uns bleiben noch ein paar Tage, denn die Sache mit meiner Urlaubsverlängerung hat geklappt. Heute kommt Mark, nachdem er noch wichtige Erledigungen gemacht hat, zu mir ins Hotel und dann will er mir seine Arbeitsstätte zeigen. Was immer sich auch dahinter verbirgt, zumindest hat er mich neugierig gemacht.

Als ich gestern im Hotel meinen Schlüssel abholte, war wieder eine Nachricht in meinem Schlüsselfach. Katrin bittet mich darin, sie heute Abend zu begleiten. Wir sind bei Willi, dem Vater von dem kleinen Tim, meiner Strandbekanntschaft, heute zum Abend eingeladen.

Es wäre sehr dringend, weil Tims Mutter einen Rat von mir bräuchte.

Das ist ja beinahe Stress. Wo ich doch eigentlich eine Woche lang nur faul sein wollte. Aber andererseits ist alles auch sehr interessant, also positiver Stress, und den braucht unser Körper, um fit und gesund zu bleiben. Ja, was ist positiver Stress? Wohl doch alles, was mir Spaß macht, mich fordert und außerdem auch zu meiner Weiterentwicklung beiträgt.

Eigentlich weiß ich schon, was Tims Mutter von mir möchte. Da ich mit Willi über meine Arbeit mit den Fußreflexzonen gesprochen habe, ist es nahe liegend, dass sie diesbezüglich nach ihrer Rehabilitationskur einen Rat von mir haben möchte. In diesem Fall helfe ich gern. Einmal, weil der Teil dieser Familie, den ich schon kenne, mir sympathisch ist und zum anderen, weil ich dann über mein Steckenpferd, in welches ich viel Energie investiert habe, meine Erfahrungen weitergeben kann.

Die einzige Möglichkeit, allem gerecht zu werden, wäre, wenn mich Mark dann zum Abend hin zu der auf dem Zettel stehenden Adresse bringen oder ich mit einer Taxe dorthin fahren würde. Also werde ich Katrin nachher anrufen, ihre Handynummer habe ich ja.

Schön, nun ist alles geklärt und ich kann mit vollem Bewusstsein meine Einkäufe angehen.

In einem alten Geländewagen fahre ich mit Mark eine Küstenstraße entlang. Hier gibt es Dörfer, die noch nichts mit Tourismus zu tun haben und recht ursprünglich sind. Der Strand ist schmal und zum Teil durch Pflanzenreste, die aus dem Meer angespült wurden, verschmutzt.

Jetzt fahren wir an einem Werk vorbei, das fast bis ans Wasser gebaut wurde. Hinter dem Werksgelände biegt Mark scharf nach links zum Wasser ab.

Wir halten neben einer größeren Holzbude und Mark meint: »Aussteigen, wir sind da.«

Er öffnet die Tür. In Erwartung, einen Holzschuppen zu betreten, bin ich total sprachlos, als ich einen großen hellen Raum vorfinde. Zum Meer hin besteht der Raum fast nur aus Glas. Davor befindet sich eine Holzterrasse über dem Meer. Im Raum stehen verschiedene Staffeleien und ein großer Stein, der auf einer Seite behauen wurde. Obwohl ich solch einen Raum noch nie gesehen habe, weiß ich, dass ich mich in einer Künstlerwerkstatt, einem Atelier, befinde. Das Äußere und das Innere des Gebäudes stehen

50

in keinem optischen Zusammenhang. Vor der Glaswand steht ein riesiger alter Holztisch mit wuchtigen gedrechselten Beinen und um ihn herum drei dazu passende klobige Stühle.

Als ich zu Mark schaue, sehe ich, wie er meine Verblüffung genießt. Mir ist sofort klar, es kann sich hier nur um sein Werk handeln. Mir fällt nichts Passenderes ein als »Fantastisch!« zu sagen. Dann dränge ich ihn mir zu berichten, wie so etwas möglich ist.

Er meint: »Ganz einfach, ich habe mir die alte Hütte gekauft, und weil hier nicht gebaut werden darf, habe ich unbemerkt von den Behörden in die alte Hütte Ständerwände eingebaut und mir alles so zurecht gemacht, wie ich es liebe und brauche. Da, hinter der Tür, ist sogar ein kleines Bad. Aber keine Angst, ich bin kein Umweltsünder, die Abwässer werden von mir wie in einem Wohnwagen entsorgt. Weil die Winter hier nicht so kalt wie in Deutschland sind, kann man auf dick isolierte Wände verzichten. Außerdem hatte ich nie vor, dies für die Ewigkeit zu bauen. Wenn man mir eines Tages zu verstehen gibt, dass es so nicht geht, ist das auch in Ordnung, dann habe ich auch keine Probleme, alles wieder abzureißen. Es hat sich nämlich schon lange amortisiert. Du kannst dir nicht vorstellen, wie mich der freie Blick aufs Meer inspiriert und wie viele Werke ich dadurch schneller und genialer fertig stellen konnte.

Übrigens habe ich aus der Bude hier noch nie ein Geheimnis gemacht. Wahrscheinlich ist man mir wohl gesonnen, und so kleinlich wie in Deutschland ist man hier sowieso nicht.«

Wir haben uns inzwischen an den großen Tisch gesetzt und ich genieße den freien Blick aufs Meer. Mark schenkt mir aus einer Glaskaraffe, in der bunte Steine liegen, Wasser ein.

Nachdem mein Blick noch einmal durch den ganzen Raum geschweift ist und ich erneut beeindruckt von dem Ganzen bin, finde ich endlich wieder Worte. »Mark, du hast es tatsächlich geschafft, mich sprachlos zu machen. Wahrscheinlich hättest du mich mit einer Prunkvilla nicht so beeindrucken können. Diese Idee hier ist genial. Dazu kommt jetzt noch, dass du wirklich künstlerisch tätig bist. Als dich die anderen als Künstler bezeichneten, habe ich dies immer als kameradschaftlichen Spaß aufgefasst. Nun erklär' mir bitte genau, was du für künstlerische Tätigkeiten machst?«

Mark führt mich zu dem behauenen Stein und erklärt mir, dass er ganz unterschiedliche Aufträge ausführt, einmal, weil es ihm Spaß macht und zum anderen, weil er sich einfach nicht festlegen kann oder will in künstlerischer Richtung. An dem Stein arbeitet er bildhauerisch, es soll ein Brunnenstein werden. Die Einwohner eines kleinen Dorfes gaben ihm den Auftrag, ihn so zu behauen, dass das durch ihn nach oben gepumpte Wasser in vorbestimmter Weise an ihm herunterläuft und den Blick auf eine kleine Figur, den Schutzpatron des Dorfes, freilässt. Auf den Staffeleien befindet sich eine angefangene Aquarellmalerei, auf einer anderen ein Plakat, welches schon fast fertig ist, und auf der größten ist ein auf einer Leinwand angefangenes riesiges Ölgemälde. Aber damit nicht genug, zu seinem Repertoire gehören, wie er mir jetzt erklärt, auch Holz- und Metallarbeiten. Leider sind alle fertigen Arbeiten ausgeliefert. Schade, ich bin ehrlich recht neugierig auf sein künstlerisches Talent. Ich kann auch nicht umhin, mir einzugestehen, dass Mark für mich immer reizvoller und interessanter wird.

Da ich mich heute Abend mit Katrin bei den Seikats treffe, bleib- Mark und mir nicht allzu viel Zeit füreinander. Trotzdem gelingt es mir, den Nachmittag mit Mark voll zu genießen.

Wir können direkt von der kleinen Holzterrasse aus über eine Leiter ins Meer steigen und baden. Nachdem ich die Leiter runtergeklettert bin, lasse ich mich rücklings ins Wasser gleiten. Man kann hier nicht stehen, das Wasser ist recht tief und herrlich klar. Mark folgt mir, indem er gleich von der Holzterrasse springt. Er taucht unter mir durch und zieht mich an den Füßen nach unten. Das kam unerwartet und ich nehme einen kräftigen Schluck Meerwasser zu mir. Nachdem ich mich vom Husten und Prusten erholt habe, starte ich zum Gegenangriff. Wir tollen im Wasser herum wie Kinder, alles um uns herum ist unwichtig.

Mark fängt mich und hält mich fest, ich zappele herum, sodass wir gemeinsam untergehen. Nach dem Auftauchen zieht mich Mark noch einmal zu sich heran und gibt mir einen sehr zärtlichen, aber kurzen Kuss. Danach schwimmt er schnell zurück und auch ich schwimme zurück, aber ganz langsam.

Als ich bei Mark ankomme, summt auf einem kleinen Kocher schon Wasser. Mark kocht uns einen Tee und dazu werden wir unsere unterwegs eingekauften kleinen Leckereien genießen.

Nachdem ich mich in einen Bademantel von Mark gekuschelt habe, lassen wir es uns schmecken. Nun bin ich schon wieder neugierig, ich frage Mark, woher das Wasser für den Tee und auch das in der Karaffe kommt? Er zeigt mir daraufhin eine Wasserfilteranlage in dem kleinen Bad. Da ich weiß, dass das Wasser aus Mallorcas Leitungen nicht als Trinkwasser zu empfehlen ist, ist meine Frage nicht unberechtigt. Mark erzählt mir stolz, seine Wasserfilteranlage sei hochmodern, auch sei ein Wasserenergetisierer mit in das System eingebaut. Da kann ich nur kontern und erzähle, dass wir zu Hause ein ähnliches System unter unserer Spüle eingebaut haben.

Erstaunt sieht mich Mark an und fragt: »Ich denke, in Deutschland ist das Trinkwasser top und unterliegt strengen gesetzlichen Kontrollen?«

Nun muss ich weiter ausholen und erkläre ihm: »Das stimmt, bei uns wird das Wasser kontrolliert, aber nur auf bestimmte Schadstoffe hin. Die Palette der Stoffe, die uns schaden können, ist aber weitaus größer. Wenn mich da ein Freund richtig informiert hat, sind außerdem die Richtgrößen der Unbedenklichkeit für Trinkwasser einfach angehoben worden. Für mich noch zusätzlich bedenklich sind die vielen Hormone, die sich im Trinkwasser befinden und auch die Rückstände von Antibiotika.«

»Wie kommen Hormone und Antibiotika ins Trinkwasser?«, fragt Mark zweifelnd.

Meine Antwort muss ich nicht lange überlegen, schon so oft habe ich dies meinen Patienten und jetzt meinen Kunden erklärt: »Über unsere Ausscheidungen gelangen diese Stoffe in unser Grundwasser und können nicht mehr daraus entfernt werden. Ein Quellwasser, welches allein aus dem Erdreich hervorquillt, ist rein. Aber wo gibt es schon noch Naturquellen? Die meisten Quellwasser, die man uns als rein und gesund für teures Geld verkauft, sind aus angebohrten Quellen und noch nicht reif. Da heißt es doch so schön in einer Werbung, ein gutes Wasser muss durch einen tiefen Stein, und da hat die Werbung mal wirklich Recht. Hast du schon mal etwas von dem japanischen Wissenschaftler Masaru Emoto gehört, der die Merkfähigkeit des Wassers untersucht hat? Das ist so fantastisch, dass ich es erst nicht glauben konnte!«

Mark schaut mich interessiert an und meint:»Du schaffst es schon wieder, mich neugierig zu machen. Da habe ich so eine Idee, wollen wir morgen zu einer Quelle landeinwärts fahren, die ist bei einem Kloster, dort holen sich viele Ökofreaks ihr Wasser. Zu Recht, wie ich jetzt weiß. Außerdem ist es wieder eine gute Gelegenheit, mit dir zusammen zu sein.«

»Liegt dir denn so viel an dem Zusammensein mit mir?«, ist meine Frage darauf.

Mit hochgezogener Augenbraue, mir tief in die Augen sehend, kommt seine Gegenfrage:»Ist das jetzt dein Ernst, oder willst du Schmeicheleien hören?«

Nein, kokettieren wollte ich eigentlich nicht, eher wissen, wie er zu mir steht. Warum frage ich ihn dann nicht offen und ehrlich, was ich wissen möchte, ich habe doch nichts zu verlieren, aber eventuell etwas zu gewinnen? Oder ist es vielleicht eher so, dass ich nicht recht weiß, was ich will und unschlüssig bin? Aber darüber muss ich in Ruhe für mich allein nachdenken. Also, noch steht unser Augenkontakt und Mark wartet auf meine Antwort:»Ich denke schon, du bist gern mit mir zusammen, doch ich kann nicht einschätzen, was du von mir erwartest und ich weiß auch nicht, was ich eigentlich von dir erwarte. Eigentlich möchte ich momentan nur alles genießen, was mich Mallorca, du und die anderen hier erleben lassen. Ich bin hier sehr glücklich.«

Mark nimmt mich lachend in seine Arme und meint:»Gott sei Dank, da ist sie wieder, meine ehrliche und echte Karla. Du bist ein Geschenk für mich, egal, wie unsere Freundschaft sich weiterentwickelt. Aber um noch mal auf die Sache mit dem Wasser zurückzukommen, darüber werden wir uns morgen noch einmal genauer unterhalten. Wie du weißt, bin ich bezüglich wissenschaftlicher Sachen immer etwas neugierig.«

Scherzhaft antworte ich ihm: »Deine Neugier ehrt dich.«

Inzwischen ist es schon spät geworden und Mark will mich zu den Seikats bringen. Ich darf mich in seinem kleinen Bad zurechtmachen.

Als wir die Küstenstraße zurückfahren, ist es schon dunkel. Ich sitze neben Mark und freue mich riesig darüber, morgen wieder etwas mit ihm gemeinsam erleben zu dürfen.

Akzeptieren

Die Seikats und Katrin erwarten mich schon. Wir gehen in einen großen, geschmackvoll eingerichteten Raum. Hier sitzen noch zwei weitere Personen. Dr. Seikat, den ich seit unserem gemeinsamen Vortragserlebnis Willi nennen darf, stellt mir seine zarte kleine Frau vor. Sie möchte von mir auch mit ihrem Vornamen angeredet werden. Sie heißt Angela.

Dann werden mir noch Angelas Mutter und deren Schwester, also Angelas Tante, vorgestellt.

Wir sitzen alle um einen großen Tisch und reden übers Wetter und alle möglichen unwichtigen Dinge. Zum Glück kommt jetzt Tim mit Katrin hereingestürmt und umarmt mich stürmisch mit den Worten:»Du Stern.«

Angelas Mutter ist entsetzt und ruft empört:»Der Junge kann sich immer noch nicht benehmen.«

Angela zuckt bei diesen Worten zusammen. Willi ist mit Katrin beschäftigt und bekommt den Angriff seiner Schwiegermutter überhaupt nicht mit.

Angela meint:»Aber Mutter, er freut sich doch nur.«

Die Antwort der Oma lässt auch nicht lange auf sich warten:»Wenn ihr ihm alles durchgehen lasst, wird er es nie lernen, sich anständig zu benehmen.«

Währenddessen tolle ich weiter mit Tim auf dem Sofa herum und ernte dafür einen bösen Blick von Oma. Als der bei mir nicht fruchtet, geht sie zum Angriff auf mich über:»Sie sind doch Therapeutin, wie viele Ihrer Patienten konnten Sie denn schon heilen?«

Eigenartigerweise amüsierte mich die bissige alte Dame total. Also beginne ich, sie etwas ängstlich anzuschauen und antworte ihr ehrlich:»Nein, ich konnte noch niemanden heilen.«

»Na, Madame, nun geben Sie es mir mal richtig«, denke ich so vor mich hin, und richtig, schon greift sie mich an.

»Na, was wollen Sie dann hier von meiner Tochter?«

Dies bedeutet für mich, man hat ihr erklärt, wer ich bin und warum ich heute zu Angela gekommen bin. Na gut, die Show kann beginnen und ich antworte ihr: »Ich weiß nicht, was soll ich von Ihrer Tochter wollen?«

Sie prustet los: »Habe ich doch gewusst, bei so neumodernem Quatsch kann doch nichts Gescheites herauskommen, und du, Willi, machst meine Angela auch noch ganz verrückt. Hättet ihr den Kleinen wenigstens ein Weilchen in ein Heim gegeben und Angela hätte sich so schön bei mir erholen können.«

Wunderbar, wie im Theater, alle reden. Angela ist kreidebleich, Willi hochrot, die Oma und ihre Schwester reden aufeinander ein und Katrin ist mit Tim schnell im Nebenzimmer verschwunden. Bin ich denn die Einzige hier, die das Groteske an der Situation erkennt? Also lächle ich etwas in mich hinein. Nicht unbemerkt, wie ich durch den nächsten Angriff von Oma erfahre.

Sie meint: »Und das finden Sie auch noch lustig, dass meine Tochter Krebs hat?«

Da ist es raus, nun weiß ich endlich, worum es geht. Alle Augen sind nun wieder auf mich gerichtet und ich schaue Angelas Mutter an und bedanke mich bei ihr dafür, dass sie mir erklärt hat, was mit Angela los ist. Sie schaut mich argwöhnisch an, ob ich sie vielleicht nur veralbern will, aber darauf lasse ich mich nicht mehr ein.

Nun muss ich doch erst mal einiges klären und so fange ich an: »Niemand, auch kein Arzt, kein Heiler oder ein Wunderdoktor kann einen anderen Menschen heilen. Das kann jeder nur selbst mit sich tun. Dazu gehört ein Glaube an sich selbst. Das, was Ärzte und Therapeuten für uns tun, wenn sie uns helfen, ist eine Symptombeseitigung. Wie z. B. die Beseitigung eines Ausschlages durch eine Salbe. Zu glauben, dies wäre eine Heilung, ist ein Trugschluss. Die Haut ist zwar wiederhergestellt, doch die Krankheit wird in anderer Art und Weise wieder in Erscheinung treten, eventuell als eine Entzündung im Körper, um uns zu zeigen: Mit dir ist etwas nicht in Ordnung! Unser Körper ist eigentlich nur die Darstellungsfläche für das, was in uns, in unserer Psyche – ich persönlich nenne es Seele – passiert. Leider haben wir verlernt, die

Symptome unseres Körpers zu verstehen. Doch viele Neudenker haben sich eingehend damit beschäftigt und ich kann Ihnen viele Bücher nennen, in denen Sie das nachlesen können. Es ist also wichtig, sich die Dinge bewusst zu machen, die uns krank machen und die wir gern verdrängen. Um gesund zu werden, müssen wir also unsere Denkweise verändern. Das bedeutet für jeden von uns, sich klar zu werden: Was ist mein persönliches Ziel während meines Lebens, wie kann ich mir und nicht den Wünschen der anderen gerecht werden?

Wer jemanden liebt, wird immer die Wünsche des anderen respektieren, auch wenn es nicht zum eigenen Vorteil ist. Deshalb ist manchmal die größte Liebe die, die verzichten kann. So musste ich schon früh erkennen, alles, was ich meinen Patienten glaubte, Gutes zu tun, war nur eine Hilfe bei der Symptombeseitigung. Heute darf ich meine Kunden auf dem Weg zur Heilung begleiten. Das tue ich, indem ich Wellnessbehandlungen durchführe und für Entspannung sorge.

Ein Weg zur Wahrheitsfindung, und wenn ich ursächliche Heilung suche, ist meine Wahl die Kinesiologie. Das bedeutet, Klient und ich befragen das Unterbewusstsein. Dies geschieht über einen Muskeltest. Durch gezielte Fragestellungen nach dem Ja-Prinzip (Muskel hält, die Frage bedeutet für den zu Testenden keinen Stress) und Nein-Prinzip (Muskel erschlafft, somit beinhaltet die Frage Stress für die Testperson). So erfährt der Getestete die Wahrheit über sich, denn das Unterbewusstsein ist sich sicher, das Bewusstsein nicht. Das Unterbewusstsein (Hardware in diesem Fall ist die rechte Hirnhälfte) weiß so viel mehr als das Bewusstsein, weil es tausende Eindrücke pro Minute speichern kann. Unserem Bewusstsein gelingt es, nur sieben Eindrücke pro Sekunde zu verarbeiten. Somit wissen wir viel mehr, als wir denken. Um zu dem für uns sonst nicht verfügbaren Wissensspeicher (Unterbewusstsein) Zugang zu bekommen, nutzt man die Kinesiologie. Die unterschiedlichsten Probleme können so gelöst werden.

Um das verständlicher zu machen, möchte ich nur an einem Beispiel zeigen, wie dies zu verstehen ist. Erwähnen möchte ich aber, dass der kinesiologische Test für fast alle Probleme des Lebens aussagekräftig ist.

Man gibt z. B. einer Person ein für sie auf seine Verträglichkeit zu testendes Mittel in die Hand und führt dann den Muskeltest durch. Wenn die Muskelspannung hält, so bedeutet dies, das Mittel ist gut für die getestete Person. In dem Falle, dass die Muskelspannung nachlässt, wäre dieses Mittel wahrscheinlich schädlich oder nicht geeignet für diese Person.

Eine von mir gern angewandte Methode zur Aktivierung der Selbstheilungskräfte ist die Fußreflexzonentherapie. Bei deren Anwendung am Fuß eines mir vertrauenden Menschen zeigt sich mir, in welchen Regionen des Körpers Selbstheilungskräfte von mir aktiviert werden können. Durch das Setzen von Druckimpulsen an den Reflexzonen der Füße kann ich Selbstheilungskräfte in den dazugehörigen Organen oder dem entsprechenden Gebiet des Körpers mobilisieren.

Außerdem kann man von den Füßen her reflektorisch entgiftend auf das Lymphsystem und somit auch auf den Körper einwirken.

Also auch wiederum eine Hilfe zur Selbsthilfe.«

Alle am Tisch Sitzenden schauen mich wie das achte Weltwunder an. Habe ich jetzt die guten Leute überfordert? So entschließe ich mich nach einiger Andacht, Angelas Mutter direkt anzusprechen und frage sie: »Macht mein Gerede für Sie einen Sinn?«

Nun wappne ich mich für alles, was da so kommen könnte. Aber jetzt passiert etwas, was auch mich verblüfft.

Die Oma steht auf, kommt zu mir und umarmt mich mit den Worten: »Mädchen, alles verstanden habe ich zwar nicht, aber Sie sind schon in Ordnung.« Sie winkt ihrer Schwester zu, gemeinsam verabschieden sich die beiden von uns und sind verschwunden.

Angela lächelt mich an und fragt mich: »Haben wir dir zu viel zugemutet?«

Ich nehme die zarte kleine Frau in die Arme und gestehe ihr: »Deine Mutter war eben ein guter Lehrmeister für mich, durch

ihren Angriff habe ich auch für mich persönlich meine Ansichten noch einmal überprüft und für richtig befunden.«
Alles Wichtige ist gesagt, weitere Ratschläge zu geben, wäre aufdringlich. Wir sprechen noch darüber, wie Angela zu den richtigen Therapeuten finden kann. Willi ist sogar bereit, wieder nach Deutschland zu ziehen. Ich ermahne ihn noch, Angela für sich selbst entscheiden zu lassen.
Wir unterhalten uns noch eine Weile über Tim. Katrin erklärt sich bereit, für Tim da zu sein, wenn Angela etwas Freiraum braucht. Inzwischen ist es schon spät geworden und Katrin und ich beschließen zu gehen. Die Seikats verabschieden uns sehr herzlich, wie liebe Freunde.

Wie verabredet kommt Mark heute vor dem Frühstück zu mir ins Hotel. Wir frühstücken gemeinsam in aller Ruhe und ich berichte ihm vom gestrigen Abend. Er ist der Meinung, dass ich in meinem Urlaub wirklich nichts anbrennen lasse.
Dann beginnt die Fahrt zum Kloster. Es geht landeinwärts und es wird bergiger.
Mark erzählt mir, dass er sich gestern Abend noch im Internet Informationen über die Arbeiten des Wissenschaftlers Masaru Emoto geholt hat.
Ich schaue zu ihm rüber, um zu beobachten, ob das neue Wissen ihn beeindruckt hat.
Er sieht mich kurz an und meint: »Wenn ich seine Forschung richtig verstanden habe, ist Wasser ein Informationsträger und reagiert auf Schwingungen, Musik, Gedankenkraft und Worte. Dies alles beweist er durch seine Wasserkristallfotografie. Ein Verfahren, das er entwickelt hat, wobei das informationsgeladene Wasser eingefroren wird.
Ins Mystische geht er dadurch, indem er zu beweisen glaubt, wie

die Macht der Gedanken und menschliches Bewusstsein die Qualität unseres Wasser formen und beeinflussen.«

Ich nicke zustimmend und bestätige seine Aussagen. Dann frage ich ihn, ob er die Kristallfotografien gesehen hat.

Er nickt bestätigend. Wir sprechen auch darüber, wie unterschiedliche Musik unterschiedliche Formen entstehen lässt, die für das Auge eben durch diese Wasserkristallfotografien sichtbar werden. In meinem geistigen Auge sehe ich immer noch den klaren, reinen Wasserkristall, der durch Mozarts Musik entsteht. Durch Heavy-Metal-Musik entstehen dagegen keine Kristalle, sondern Formen mit scharfen Spitzen. Das wäre nicht so genial, wenn dieses Phänomen eben nur mal so aufgetreten wäre. Es ist aber so, dass gleiche Musik auch immer die gleichen Formen entstehen lässt.

Mark meint: »Also für mich am unvorstellbarsten ist, wie Wasser auf Worte und vor allen Dingen allein auf Gedanken reagiert. Ein gesprochenes Wort und auch ein unausgesprochener Gedanke erzeugt, sooft man auch den Versuch wiederholt, immer die gleiche Kristallform. Dabei bekomme ich beinahe eine Gänsehaut, wenn man einmal weiterdenkt, welche weit reichende Bedeutung das alles für uns hat.«

Dieses Weiterdenken um die Bedeutung dieser Forschungsergebnisse habe ich schon zur Genüge hinter mir. Deshalb antworte ich jetzt Mark und konfrontiere ihn mit meiner Sicht der Dinge: »Da unser Körper, ich glaube, zu 60 % bis 70 % aus Wasser besteht, wie beeinflussbar sind wir da allein schon durch Musik?

Das Wort Liebe, auf eine Flasche mit Wasser geschrieben, beim Betrachten der Flasche gedacht oder auch gesprochen, bewirkt eine Verbesserung der Wasserqualität des sich in der Flasche befindenden Wassers. Wenn man den Ausführungen von Masaru Emoto Glauben schenkt, dann haben es heilige Männer geschafft, das Wasser verseuchter Seen allein durch Gebete zu reinigen.

Für mich besser verständlich wird durch diese Erkenntnisse die Homöopathie. Da es sich bei den in der Homöopathie angewandten Medikamenten um so gering potenzierte Wirkstoffe handelt, dass sie nach dem Schütteln und Potenzieren mit Wasser nicht mehr nachweisbar sind, kann nur das Wasser als Informationsträger wirksam werden. Die Information wirkt dann nicht so wie ein Medikament, das ein Symptom heilt, sondern macht dem Körper sein defektes Arbeiten bewusst. Vergleichbar wirkt es so, als würde man jemandem einen Spiegel vorhalten und der sich Betrachtende sieht an seinem Spiegelbild einen Fleck und kann ihn wegwischen.

Da sind noch so viele andere Aspekte, die ich jetzt einfach mal nicht aufzählen möchte, denn das alles ist so beeindruckend, ich könnte tagelang darüber philosophieren.«

Mark fasst mir mit einer Hand unters Kinn, schaut mich kurz an und meint: »Man bekommt wieder so etwas wie einen Glauben?«

Ich nicke leicht. Danach fahren wir schweigend weiter und ich betrachte wieder aufmerksamer die Landschaft. Ab und zu gibt die Natur einen Blick frei und ich sehe, wie hoch wir schon gefahren sind. Ganz in der Ferne lässt sich noch das Meer erahnen.

Nach einer viertel Stunde kommen wir auf einem größeren Platz zwischen Bäumen an, dahinter ist ein größeres Gebäude, wahrscheinlich das Kloster.

Das Kloster kann besichtigt werden, aber wir haben keine Lust dazu. Wir laufen nach hinten in den Garten, wo die Quelle ist. In einem Beutel haben wir eine leere Flasche und zwei Becher mitgenommen. Mit der mit Wasser gefüllten Flasche setzen wir uns in den Schatten und trinken das kühle Nass, welches einen wirklich guten Geschmack hat.

Nachdem wir die Flasche noch einmal gefüllt haben, entdecken wir eine herrliche Aussicht über ein Tal mit einer Apfelsinenplantage, in der gerade geerntet wird. »Wahrscheinlich die Apfelsinen, die dann in Deutschland in zwei Monaten unter unseren Weihnachtsbäumen liegen«, denke ich laut vor mich hin. Aber Mark raubt mir diese Illusion sofort wieder und ich weiß es ja auch besser. Unsere Weihnachtsapfelsinen werden jetzt vielleicht bald aus dem Kühlhaus geholt und zur Reifung gespritzt.

Aber warum stört mich das heute nicht? Na ja, ich sitze hier Rücken an Rücken mit Mark und genieße es, ihn in meinem Rücken zu fühlen. Mark dreht sich zu mir um und ich weiß, dass er mich fragen will, ob mir der Blick ins Tal hier und der Tag an sich gefallen. Noch bevor er mich fragen kann, sage ich zu ihm: »Ja, es gefällt mir hier, und der Tag mit dir ist wunderschön.«

Er schaut mich an: »Woher weißt du, was ich dich fragen will?« Nun fange ich an zu schäkern und behaupte, ich hätte hellseherische Fähigkeiten und weiß auch, dass er mich jetzt zu einem wunderschönen Mittagessen in einem romantischen Restaurant einladen wird. Seine prompte Antwort darauf ist: »Du bist eine Hexe. Aber ich kann auch hellsehen, denn ich weiß, du möchtest mich jetzt unbedingt küssen.« Indem er dies sagt, hat er mich geschnappt und küsst mich erst zärtlich und dann immer leidenschaftlicher. Wenn ich ehrlich bin, er hat Recht, ich möchte es und genieße es, mich einfach gehen zu lassen.

Als wir zum Auto zurückgehen, lehne ich mich an Mark und er legt seinen Arm um mich. Er ist mir in der kurzen Zeit, die wir uns kennen, schon so vertraut, als würden wir schon lange zusammenleben.

Die Schenke, zu der mich Mark jetzt gebracht hat, ist wirklich urig. Wir sitzen unter Weinreben an Holztischen mit hübschen gewebten Platzdeckchen. Das Essen ist köstlich und ich lasse mir ein Viertelliterchen Rotwein munden. Mark darf an meinem Wein nur kosten, weil er ja das Auto fahren muss. Er sitzt dicht neben mir und streichelt zärtlich über meinen Arm und ich bin so herrlich entspannt und genieße wieder einmal in vollen Zügen.

Wir beschließen, heute Abend in eine Bar tanzen zu gehen. Dazu wollen wir uns chic anziehen. Na mal sehen, was mir da einfällt. Träge und etwas müde sitze ich während der Rückfahrt neben Mark, ich streichle und kraule ihm den Nacken, den er mir wie ein Kater hinhält.

Heute ist Mittwoch und morgen würde ich normalerweise zurück nach Deutschland fliegen. Da ich aber meinen Aufenthalt bis Samstag verlängern konnte, bleiben mir noch zwei hoffentlich wunderschöne Urlaubstage. Mark hat mich für die letzten zwei Tage zu sich eingeladen und ich habe zugesagt. Mir sind alle Konsequenzen, die daraus entstehen können, voll bewusst. Es ist sonnenklar, dass so viel Nähe zu engerem körperlichen Kontakt führen wird. Als ich dem Vorhaben, die nächsten Tage bei ihm zu wohnen, zustimmte, wusste ich, dass ich innerlich zu allem anderen auch »ja« gesagt habe.

Schon bevor ich Mark näher kam, war mir innerlich klar, dass die Trennung von Jürgen nur eine Frage der Zeit ist. Deshalb ist mir Jürgen nicht unsympathisch, im Gegenteil, ich verstehe ihn und seine Lebensweise, doch es ist nicht das Leben, welches ich mit ihm führen möchte.

Allein in der täglichen Arbeit Erfüllung zu finden, ist nicht mein Ding. Erfüllung bei der Arbeit, ja, aber eben nicht nur, sondern auch. Denn, wie ich wieder hier auf Mallorca entdeckt habe, bin ich immer noch sehr neugierig und lebenshungrig. Natürlich darf meine Selbstverwirklichung nicht auf Kosten meines Sohnes Udo passieren. Aber, so wie es nicht nur schwarz und weiß gibt, bietet uns das Leben eine bunte Palette an Möglichkeiten, sodass man immer eine Wahl hat, sich sein Leben zu organisieren. Gerade die Möglichkeit dieser Wahl, sich sein Leben nach den eigenen Vorstellungen zu schöpfen, macht es doch erst interessant.

»Karla«, sage ich zu mir, »das klingt sehr esoterisch. Na und, für mich macht das einen Sinn.«

Man hat immer eine Wahl, sein Leben zu gestalten, auch wenn man oft glaubt, man hätte keine. Hätte man keine Wahl, würde dies bedeuten, jeder würde in sich gleichenden Situationen auch gleich handeln. Aber wie unterschiedlich und unerwartet reagieren verschiedene Menschen oftmals in sich gleichenden Situationen. Man hat immer eine Wahl. Was richtig und was falsch ist, weiß man immer erst hinterher. Auch wenn man nicht wählt, hat man eigentlich gewählt, nämlich alles so zu lassen wie es ist.

»Darum Mut zu Veränderungen, Karla, man kann nur daraus lernen und vielleicht auch gewinnen. Jetzt aber Schluss und aus, genug philosophiert.«

Heute sitze ich hier faul am Pool herum. Gestern ist es sehr spät geworden, d. h. heute Morgen so gegen 4:00 Uhr bin ich ins Bett gefallen.

Der gestrige Abend mit Mark war ein voller Erfolg. Wir waren noch in einer kleinen Kellerbar und haben dort nach Lifemusik sehr romantisch getanzt.

Später dann sind verschiedene Musikertypen aufgetaucht aus der Insiderszene, wie mir Mark erklärte. Als die meisten Gäste schon gegangen waren, wurde improvisiert und jeder Künstler spielte etwas aus seinem Repertoire. Es war eine tolle Stimmung und auch ich war begeistert. Die Atmosphäre, die in der kleinen Bar herrschte, hat die Musiker immer wieder aufgepeitscht und zu Höchstleistungen getrieben. Mark erzählte mir, dass solche künstlerischen Feste im Winter hier öfter spontan stattfinden.

Anschließend wurde noch etwas getrunken und erzählt. Leider viel davon in spanischer Sprache. Mark hat mir zwar viel übersetzt, doch es ging einiges für mich vom Verständnis her verloren, ganz besonders von der Komik.

Nachher werde ich bei der Reiseleitung meine Flugtickets tauschen und anschließend meine Sachen zusammenpacken, denn morgen, nach dem Frühstück, holt mich Mark ab.

Heute gegen 14:00 Uhr will Katrin zu mir kommen. Wir wollen einen gemeinsamen Frauennachmittag starten. Etwas unwohl ist mir bei dem Gedanken, wie sie die Sache zwischen mir und Mark verkraftet.

Faulheit lass nach! Ein kleiner Strandspaziergang wird mir jetzt guttun und den letzten Alkohol der gestrigen Nacht vertreiben.

Katrin und ich haben uns entschlossen, mit dem Bus nach Palma zu fahren. Dadurch können wir bei unserm Abschied etwas Alkoholisches trinken, denn sie will mit mir eine für Mallorca typische Kneipe, in die viele Einheimische gehen, aufsuchen. Außerdem ist natürlich ein Stadtbummel angesagt.

Auf einer Bank an der Bushaltestelle sitzend, erwarte ich Katrin. Das Wetter hat sich eingetrübt und sieht nach Regen aus. Von meiner Bank aus sehe ich den Himmel über dem Meer. Die Wolken haben sich dort schon zusammengeballt und ein Blitz zuckt über den Himmel ins Meer.

Jetzt kommt Katrin gelaufen, umarmt mich und meint: »Da haben wir uns das beste Wetter zu unserem Bummel ausgesucht.« Wir lachen und gackern mal wieder wie die Hühner. Als der Bus kommt, beeilen wir uns beim Einsteigen, denn es hat inzwischen angefangen zu regnen.

Der Bus ist recht voll, anscheinend wollen viele der Urlauber, die noch hier sind, bei diesem Wetter lieber in die Stadt. Stehend verbringen wir die 30 Minuten, die der Bus bis in die Stadt braucht. Es ist sehr warm und dadurch sehr angenehm, dass die Türen an den vielen Haltestellen geöffnet werden.

Aber nun sind wir im Zentrum von Palma angekommen. Es regnet immer noch. Wir springen schnell aus dem Bus und laufen durch den Regen, der nach der Hitze im Bus direkt angenehm ist. Katrin führt mich durch enge Gassen mit alten Häusern. In eines der alten Häuser gehen wir hinein. Darin befindet sich eine kleine Gaststätte.

Ein kleiner Mann, wahrscheinlich der Wirt, kommt zu uns gelaufen und mit lautem Getöse umarmt er Katrin und mustert mich dann mit seinen wachen Augen sehr intensiv. Mit den Worten: »Katrins Freunde, auch meine Freunde«, begrüßt er mich mit einer kleinen Verbeugung. Katrin will mir erst den Innenhof zeigen und der Wirt führt uns durch eine kleine Bogentür nach draußen. Es hat inzwischen aufgehört zu regnen. Der Innenhof ist ein kleines Paradies voll blühender Pflanzen, an denen die Regentropfen wie

Diamanten glitzern. Dieser Effekt wird durch die gerade wieder hinter den Wolken hervorgetretene Sonne, die durch ein Fenster mit bunten Scheiben scheint, hervorgerufen. Es ist unvorstellbar schön, wie die einzelnen Tropfen in dem Sonnenlicht funkeln und schimmern. Wir stehen alle drei fasziniert und betrachten diesen Zauber.

Der Wirt findet zuerst die Worte wieder, er schaut mich verschmitzt an und sagt: »Señorita sein hier willkommen, mein kleiner Garten schmücken sich nicht für jeden so wunderbar.«

Wir helfen dem Wirt beim Trockenwischen der Stühle und Tische. Anschließend setzen wir uns an einen der Tische, von dem aus wir das Naturschauspiel noch eine Weile beobachten können. Der Wirt hat ein weißes Tischtuch vor uns auf den Tisch gelegt und bewirtet uns mit Weißbrot, Oliven und einem Sherry. Er hat auch ein Glas für sich mitgebracht, welches er jetzt mit den Worten erhebt: »Ich begrüße euch herzlich, auch im Namen meiner Familie.«

Wir bedanken uns hocherfreut für diese nette Geste und bestellen noch zusätzlich Cognac, Cappuccino und Gebäck.

Katrin erzählt mir, was bei den Seikats, seitdem ich dort war, so abläuft. Sie haben sich erkundigt und verschiedene Fußreflexzonentherapeuten gefunden und können sich nicht entschließen, für welchen sie sich entscheiden sollen. Und Oma ist der Meinung, ich müsste nach Mallorca kommen, ich würde hier mein Glück machen und Erfolg haben. Sie grüßt mich und lässt mir bestellen, sie würde mich unterstützen, ob ich nicht nach hier umsiedeln wolle?

Die alte Dame ist wirklich ein Unikum. Katrin meint dazu, sie sei nicht zu unterschätzen und hätte hier auf Mallorca einigen Einfluss.

Dann kommen wir natürlich auf Mark zu sprechen. Katrin und Mark haben sich vorgestern früh bei einem gemeinsamen Freund zufällig getroffen. Daher weiß Katrin, dass Mark und ich uns öfter gesehen haben. Ihr einziger Kommentar zu der Sache ist, sie habe es gewusst, dass es so kommen werde und es wäre auch in Ordnung so.

Sie ist mir eine wirkliche Freundin geworden und man kann mit ihr über alles so schön quatschen. Wir beschließen, uns gegenseitig auf jeden Fall zu besuchen.

Wir reden auch über meine Zukunft. Sie ist überrascht, dass ich so schnell eine endgültige Regelung für Jürgen und mich herbeiführen will, obwohl es noch völlig offen ist, ob es für Mark und mich ein gemeinsames Später geben wird. Doch ich erkläre ihr, dass die Trennung von Jürgen nichts mit Mark zu tun hat.

Katrin würde gern mit mir zu ihren Eltern nach Ibiza fahren. Dafür ist aber leider keine Zeit mehr. Doch bestimmt, wenn ich das nächste Mal mit meinem Sohn komme. Vielleicht klappt es schon zu Weihnachten?

»Karla, du musst unbedingt zu Weihnachten kommen, wohnen kannst du bei mir«, versucht mich Katrin zu überzeugen. Dazu braucht es nicht viel Überzeugungskraft, wenn alles klappt, würde ich gern mit Udo Weihnachten auf Mallorca verbringen.

Der Wirt, den Katrin mit Arturo anredet, verabschiedet sich ganz lieb von uns. Als wir gehen, überreicht er mir zum Abschied eine gelbe Rose. Er winkt uns noch nach, bis wir in der winkeligen Gasse abbiegen. Katrin erklärt mir, sie kenne Arturo schon seit ihrer Kindheit und sie bringt oft von der Farm ihrer Eltern Gemüse für die kleine Kneipe mit.

Inzwischen ist es etwas kühler geworden. Katrin lotst mich zu einer kleinen Boutique, in der, wie sie mir erklärt, alles selbst zu erschwinglichen Preisen hergestellt wird.

Der kleine Laden ist wirklich ein Geheimtipp. Alle Kleidungsstücke sind Unikate. Katrin ist ganz verliebt in ein blusenähnliches Oberteil. Mir gefällt ganz besonders eine raffiniert zurechtgemachte Jeans, die sehr sportlich und trotzdem etwas verspielt ist. Schnell bezahle ich die beiden Teile und überreiche Katrin ihr Blüschen als Abschiedsgeschenk.

Dafür bekomme ich einen herzlichen Kuss auf die Wange von ihr.

Abends, bevor mich Katrin zum Hotel zurückbegleitet, flanieren wir noch unter den Palmen von Palma und lassen die beleuchtete große Kathedrale auf uns einwirken. Auf der anderen Seite des Hafens legt gerade ein großes, hell erleuchtetes Schiff ab. Wie das Schiff, alles andere überragend, langsam dahinfährt, ist für mich sehr beeindruckend.

Katrin beschließt noch einmal mit in meinem Hotelzimmer zu übernachten. Sie muss zwar morgen arbeiten, doch die Busse fahren schon ab 6:00 Uhr. Also kein Problem. Ich lasse mich um 5:30 Uhr wecken. Wir kuscheln uns gemütlich in die Betten, genehmigen uns noch ein kleines Fläschchen aus der Minibar und lassen den Tag genüsslich ausklingen.

Nähe zulassen

Meine letzten zwei Tage auf Mallorca haben begonnen. Auf Marks Holzterrasse, vor seinem Atelier stehend, bin ich jetzt zu seinem Modell geworden. Mark zeichnet mich, soweit ich das erkennen kann, mit schnellen Zeichenstrichen skizzenhaft auf ein größeres Blatt Papier. Es ist mir nicht unangenehm, so ruhig dazustehen. Ich genieße die Sonne und den Wind auf der Haut. Meine Augen sind geschlossen und ich gebe mich bewusst meinen anderen Sinnen hin. Neben Geräuschen von dem benachbarten Werk und dem zarten Geplätscher der Wellen höre ich, wie eine, nein, zwei Möwen über mir kreischen, wie jetzt die eine und dann auch die andere Möwe aufs Wasser klatschen.

Der Wind hat eine Strähne meiner Haare in mein Gesicht geweht und ich fühle, wie sie an meiner Nase und an meinen Lippen kitzeln. Doch irgendetwas hat sich jetzt verändert. Das leise Geräusch des Stiftes, das beim Malen auf dem Papier zu hören war, ist verstummt. Ich öffne meine Augen und sehe, wie Mark mich beobachtet.

Er fragt mich lächelnd: »Na, träumst du schön?«

»Nein«, antworte ich, ebenfalls lächelnd, »ich meditiere.«

Neugierig geworden, fragt er mich jetzt: »Wie machst du das?«

Ich erkläre ihm, wie ich mein Geplapper im Gehirn eben durch intensives Fühlen mit geschlossenen Augen zur Ruhe bringe. Dann erkläre ich weiter, dass Meditation auch durch bestimmte Atemübungen möglich ist. Viele Menschen meditieren, sind sich dessen, dass sie meditieren, aber nicht bewusst, da sie glauben, Meditation müsste etwas Mystisches sein. Es gibt die unterschiedlichsten Meditationen und diverse Bücher darüber.

»Aber der Kern der Sache ist wohl der, bei sich zu sein und nicht die Gedanken schweifen zu lassen«, versuche ich Mark zu verdeutlichen.

Mark fragt weiter: »Und was bringt es dir zu meditieren? Noch etwas anderes außer einer inneren Ruhe?«

Nun gehe ich zu ihm und lehne mich an ihn und antworte:»Ja, ich kann besser auf mein Bauchgefühl hören und meiner Intuition folgen, ohne zu werten und abzuwägen. Dadurch tue ich manchmal Dinge, die mir mehr entsprechen, als wenn ich lange überlegt hätte.«

»Wieso glaubst du, dein Bauchgefühl sagt dir das Richtige«, bohrt Mark jetzt weiter.

»Weil mein Unterbewusstsein nie gegen mich arbeitet und viel mehr weiß als mein Bewusstsein, welches immer von Normen, falschen Ängsten, einmal gefassten Urteilen und der allgemeinen Auffassung unserer Mitmenschen beeinflusst wird. So kann ich, ganz einfach gesagt, ich selbst sein. Hast du nicht bemerkt, wie ich eben meinem Gefühl gefolgt und zu dir gekommen bin, um dir nah zu sein? Dies passiert rein gefühlsmäßig und ich fühle, es ist das, was auch du möchtest.«

Wir küssen uns lange und sehr innig. Doch dann kann ich das Intimerwerden verhindern, indem ich ablenke und mir sein gemaltes Bild von mir betrachte. Auf dem Blatt Papier sehe ich mich mit nur ein paar Strichen gezeichnet, aber unverkennbar *ich*. Doch den Gesichtsausdruck, den er da von mir aufs Blatt gezaubert hat, kenne ich an mir nicht.

Mark fragt, ob es mir gefällt und ich nicke zustimmend. Zu meinem mir fremden Gesichtsausdruck erklärt er mir, dies wäre so eine Intuition von ihm, darin würden meine Gefühle sichtbar.

Nachdem ich dem Künstler ein Küsschen auf die Wange gehaucht und einen Klaps auf den Po gegeben habe, verschwinde ich schleunigst im Atelier. Hier decke ich den großen Tisch für uns mit all den schönen Sachen, die wir vorhin gemeinsam eingekauft haben.

Wir haben beschlossen, die zwei Tage, die uns nun noch bleiben, hier zu verbringen. Seine eigentliche kleine Wohnung liegt etwas weiter landwärts in einem Neubau.

Da bringt mich das Atelier doch mehr in Urlaubsstimmung. Für die Nacht hat uns Mark ein aufblasbares Doppelbett besorgt. Das kann lustig werden.

Inzwischen ist der Brunnenstein, den Mark bearbeitet hat, verpackt und steht auf einem fahrbaren Untergestell mit Rollen. Heute Nachmittag kommt ein Freund von Mark mit einem kleinen Kranauto, mit dem der Stein aufgeladen werden soll. Danach wird er zu den Leuten, die ihn bestellt haben, in das Dorf gefahren und auch gleich aufgestellt.

Mark ist traurig, weil es so viel von der uns verbleibenden gemeinsamen Zeit kostet, den Brunnen aufzustellen. Aber das Datum der Auslieferung lässt sich nicht verschieben. Für mich ist es trotzdem interessant, weil ich mitfahren kann und sehen werde, wie Marks Kunstwerk aufgestellt wird und wie es wirkt.

Inzwischen habe ich den Tisch fertig gedeckt. Sogar Blumen haben wir mitgebracht. Mark hat inzwischen sein Mahlzeug weggeräumt und wir setzen uns und essen.

Wir werden in dem Dörfchen schon von etlichen Schaulustigen erwartet. Mark hat unsere Ankunft telefonisch angekündigt.

Eine Weile beobachte ich den technischen Ablauf des Abladens, doch dann überlege ich mir, noch ein bisschen spazieren zu gehen, um mich dann von dem vollendeten Werk auf dem richtigen Platz überraschen zu lassen.

Hinter dem Ort ist eine Olivenplantage. Sie ist von aufgestapelten Natursteinen eingezäunt. Unter den Bäumen suchen Ziegen nach Futter. Man kann, so erkenne ich jetzt, durch den Olivenhain auf Wegen, die durch das Aufstapeln der Natursteine entstanden sind, hindurchgehen. Danach steigt ein kleiner Pfad steil nach oben und führt an einer alten Bank vorbei. Ich setze mich und habe einen herrlichen Blick über das Dorf. Auch den Dorfplatz kann ich erkennen, wo viele Menschen, so klein wie Ameisen, zu sehen sind. Der Ausblick von hier oben ist ruhig und beschaulich. Ich kann mich nur schwer von hier losreißen, um zurückzugehen, doch ich will Mark auf keinen Fall warten lassen.

Wieder im Dorf angekommen, höre ich Mädchen singen. Sie singen tatsächlich Mark ein Liedchen vor. Er lächelt, wie ich mir eingestehen muss, recht charmant den jungen Dorfschönen zu.

Jetzt sehe ich den Brunnen und bin begeistert. Er sieht aus, als würde er schon immer dort stehen. Das Wasser tröpfelt an ihm herunter und der Schutzpatron, unter einem Vorsprung des Steines, hebt segnend seine Hand. Es ist ein kleines Kunstwerk und ich kann nur staunen, mit welch großem Können Mark diesen Brunnen gestaltet hat.

Mark scheint jetzt beinah fluchtartig zum Auto zu gehen, nachdem immer mehr Dorfbewohner ihn umarmen wollen. Noch ein letzter Blick zum Brunnen, dann folge ich Mark und wir fahren, den Dorfbewohnern zuwinkend, zurück.

Wir zuckeln langsam die schmalen Straßen zur Küste zurück. Es wird schon dunkel und um eine Kurve fahrend, eröffnet sich uns der Blick aufs Meer. Die Sonne ist schon fast im Meer versunken und ringsum leuchten die Wolken in einem flammenden Abendrot. Mark fährt an eine breitere Stelle der Straße, von dort aus beobachten wir das Schauspiel.

Doch das Ende des Naturschauspiels sehen wir nicht mehr, weil wir inzwischen mit uns beschäftigt sind. Wir sind eng umschlungen und küssen uns sehr hingebungsvoll. Nur schwer können wir voneinander lassen, um noch die restliche Strecke zu fahren.

Angekommen, beginnt unser zärtliches Liebesspiel, bei dem alle Kleidungsstücke stören. Obwohl alles so aufregend neu ist, sind wir uns nicht fremd und es ist ein entspanntes Geben und Nehmen.

Mir war bisher nicht bewusst, wie viel verschiedenartige sinnliche Gefühle der menschliche Körper zu fühlen fähig ist. Alle Sinne sind bei mir beteiligt. Es ist so betörend, an Marks Schläfen, Hals und Ohren zu schnüffeln, hier glaube ich seinen ureigenen Geruch wahrzunehmen, ohne belastende künstliche Düfte. Doch jetzt glaube ich, überhaupt nicht mehr denken zu können. Mein jetziges Sein ist nur noch Gefühl.

Kosmisch, gigantisch, wir sehen uns an und wissen, dass wir uns ein sexuelles Liebeserlebnis geschenkt haben, wie es reiner, natürlicher und erfüllender nicht sein kann.

Ich bin so voller Zärtlichkeit und Freude. In Marks Augen kann ich ein Glitzern und Funkeln sehen, als er mich zärtlich streichelt. Er ist so offen und irgendwie verletzlich, wie ein großer Junge. Mein Fühlen für ihn ist nicht nur das einer Geliebten, sondern auch dasjenige einer Mutter und Freundin. Doch dies werde ich ihm jetzt nicht mitteilen, dies wäre kein Zucker für seine Männlichkeit, wo er doch ein so einmaliger, mich glücklich machender Liebhaber ist.

Erwachend habe ich so ein unbändiges Wohlgefühl in mir. Wo bin ich, was ist mit mir?

Als ich die Augen öffne, sehe ich Mark neben mir, der mich kitzelt. Zärtlich küsst er meine Stirn und sagt:»Komm, du meine verschlafene Geliebte, wir wollen noch eine Kleinigkeit essen.«

Ja, Hunger verspüre ich auch. Jetzt schnappt mich doch Mark tatsächlich und trägt mich zum Tisch. Mit den Worten:»Du siehst, ich trage dich auf Händen«, nimmt er seinerseits Platz und grinst mich spitzbübisch an. Auf dem Tisch stehen Wein, Wasser und kleine mit Fleisch und Fisch belegte Schnittchen sowie diverse mundgerecht zubereitete Obstsorten. Dazwischen steht ein altertümlicher Leuchter mit brennenden Kerzen und sogar ein Blumenstrauß schmückt den Tisch. Das Ganze wirkt wie ein Stillleben vor dem dunklen Meer und dem Sternenhimmel.

Mark ist von seinem Werk auch begeistert und meint, dass er mich und die ganze Stimmung hier malen würde, wenn er nicht gerade am Verhungern wäre. Wir sind beide an die Längsseite des Tisches gerückt, dadurch sitzen wir nebeneinander und können aufs Meer schauen und die Sterne beobachten.

Ich bin voll des Lobes für die von ihm vorbereiteten Leckereien. Wir stopfen uns gegenseitig Obststückchen in den Mund und sind dabei bemüht, nicht so genau zu treffen, um dann mit einem Kuss die Schweinerei im Gesicht des anderen zu beseitigen. Oh, was für verrückte und doch herrliche Spiele sind das. Nun stellen wir auch noch fest, dass wir uns jetzt zur Genüge mit der Arbeiterei, nämlich der des Essens und Trinkens, beschäftigt haben. Gesättigt und leicht beschwipst lassen wir uns auf unser Luftbett fallen. Mark ist der Meinung, er müsse mein Gesicht noch einmal genau auf Essensreste kontrollieren. Wir tollen wie die Kinder und haben dann so unsere Bedenken, ob dies unser Luftbett aushalten wird. Aber es hält allen unseren Kapriolen stand.

Dem Ganzen setzen wir noch ein Sahnehäubchen auf, indem wir immer intimer werden und dann fühle ich ein innigliches Verschmelzen zum Höhepunkt.

Ganz vorsichtig öffne ich meine Augen und sehe, es ist schon hell. Nein, es war kein Traum, ich liege im Arm von Mark. Er schläft noch und voller Genuss betrachte ich sein Gesicht. Er hat wirklich markante Züge. Ich finde ihn wunderschön, aber ich bin ja auch verliebt in ihn.

Jetzt räkelt er sich und zieht mich noch halb im Schlaf in seine Arme und schnüffelt an meinen Ohren und küsst mir dann aufs Haar. Nun revanchiere ich mich und knabbere an seinem Hals. Schnell, bevor er mich packen kann, bin ich in dem kleinen Bad verschwunden.

Nun hat also mein letzter Tag hier auf Mallorca begonnen. Wir wollen heute noch einmal mit dem Boot eine Fahrt zu einem noch natürlichen Sandstrand, ich glaube, er heißt »Es Trenc« oder so ähnlich, machen.

Als ich zurück ins Atelier komme, sehe ich, dass Mark unser aufgeblasenes Himmelbett vor die große Glasschiebetür, zur Meerseite hin, geschoben hat. Die Schiebetür ist geöffnet und die Sonne, die um diese Jahreszeit schon recht schräg steht, scheint auf die große Luftmatratze. Die Idee ist grandios, so können wir uns ungesehen sonnen. Ich bin voll des Lobes für Marks grandiosen Einfall und werfe mich nackt auf unser Luftbett. Mark will es mir gleichtun, ich kann ihn grade noch zurückhalten mit der Bitte, doch das Sonnenöl zu holen.

Doch er kommt mit Bedingungen in der Art, dass er das Öl nur holt, wenn er mich verschwenderisch mit viel Sonnenöl einölen dürfe. Auf meine Bedenken hin, dass das eine große Schweinerei in unserem Nachtlager geben würde, winkt er nur ab.

Nach kurzer Zeit erscheint er mit dem Sonnenöl und einem riesigen Badetuch, welches er unter mich auf die Matratze schiebt. Jetzt werde ich mit Obst und trockenem Weißbrot sowie einem Glas Wasser verwöhnt. Im Liegen essen und trinken ist sehr schwierig und die Schweinerei geht schon los. Mark nimmt sich überhaupt nicht in Acht, er schmatzt wie ein kleiner Junge und freut sich über Krümel und Wasser im Bett.

Nun geht die Sonnenölorgie los. Wir matschen unsere Körper mit Öl ein. Es ist ein Gerutsche und Geglitsche, wir albern wie die Kinder herum. Mark versucht, mich zu halten, aber ich glitsche ihm durch die Finger. Sogar im Mund habe ich jetzt Öl. So beschließen wir, uns gegenseitig mit Zellstoff zu entölen und dann im Meer zu baden.

Unser Picknickkorb ist gepackt und wir haben es jetzt ein bisschen eilig, weil wir über unserer Alberei beinahe unseren Bootsausflug vergessen haben.

In der Holzterrasse vor dem Atelier befindet sich eine Bodenklappe, durch die wir nach unten über eine kleine Leiter in einen Bootsschuppen gelangen. Hier liegt Marks Boot, mit dem wir neulich schon gesegelt sind. Mark hat die Segelstange über uns zwischen die Balken geschoben. Wir fahren heute nur mit dem Motor.

Es ist wieder herrlich, den Wind und die Salzluft auf der Haut zu spüren. Wir fahren zügig und ich darf unter Marks Kontrolle unser Schiffchen steuern. Ich singe lautstark:»Komm Kapitano, wir gehen auf die Reise, schon flattern die Segel im Wind.« Mark singt mit und dann fallen uns immer mehr Lieder über das Meer und den dazugehörenden Herzschmerz ein.

Ungefähr nach eineinhalb Stunden erreichen wir unser Ziel. Angekommen, ankern wir im seichten Wasser. Wir tragen den Korb und unsere Sachen zum Strand. Weit und breit ist niemand zu sehen. Mark meint, wir befinden uns hier an einem FKK- Strand, der in der Saison sehr stark besucht wird.

Da bin ich aber froh, dass ich meinen Urlaub so spät mache. Es ist hier nämlich wunderschön. Die Kiefern und das Gebüsch wachsen bis an den Sandstrand heran. Nirgends sind Gebäude zu sehen.

Herrlich, da können wir Adam und Eva im Paradies spielen.

Dem Inhalt unseres Picknickkorbes gilt jetzt unsere ganze Aufmerksamkeit. Denn Hunger ist ein Gefühl, was ganz schön bohren kann. Da finde ich tatsächlich noch ein Äpfelchen, nachdem wir fast alles aufgegessen haben. Und schon necke ich meinen Liebling mit Apfelstückchen und frage ihn, ob er sich von mir verführen lässt.

»Aber immer«, ist seine Antwort, und schon will er mich packen, doch ich kann mich wegdrehen und laufe zum Wasser. Mark folgt mir und nun gibt es kein Zurück, er drängt mich ins Wasser. Aber ich ziehe ihn mit und nun gibt es ein Gerangel und Gespritzt im Wasser. Doch nach nicht langer Zeit geht das Gerangel wieder in Zärtlichkeit über.

Es ist ein wunderschöner Nachmittag. Mit einem Spaziergang durch einen Teil des ursprünglichen Mallorca runden wir unseren Aufenthalt hier ab. Naturschützer haben sich hier durchsetzen können, sodass die Landschaft nicht verbaut wurde.

Mark drängt zum Aufbruch, wir wollen, bevor es dunkel wird, zurück sein.

Wir haben unser Luftmatratzenbett am Fenster stehen lassen. Im Bett liegend, können wir die Sterne sehen. Die Schiebetür ist etwas geöffnet, dadurch ist das Rauschen des Meeres zu hören. Gedämpftes Licht, der Mondschein und eine kleine Lampe lassen gerade die nähere Umgebung erkennen. Mark liegt neben mir und wir feiern gerade unsere letzte Liebesnacht.

Zum Schlafen ist uns die letzte verbleibende Zeit zu schade. Meine Sachen sind gepackt und morgen geht mein Flieger erst gegen 14:00 Uhr. So kann ich morgen noch ausschlafen, bevor mich Mark zum Flughafen fährt.

Mir ist heute schon bewusst, dass dies mein bisher schönster Urlaub ist. Und das ist er nicht, weil der Urlaubsort so unheimlich toll oder das Hotel so umwerfend ist, sondern es liegt eindeutig an mir. Es liegt an meiner Einstellung zu den Menschen und zur Natur. Das Wichtigste ist: Ich kann Liebe empfangen und geben. Weiterhin wichtig, so glaube ich zu wissen, ist, dass ich mir selber gerecht werde; also die eigenen Bedürfnisse, Wünsche und eigene Individualität beachte und respektiere. Nur der eigenen Intuition folgend und nicht Dinge tuend, die mir nicht entsprechen, nur weil man dies eben so, der kollektiven Meinung entsprechend, tut. Vielleicht ist es sogar nur so, dass ich anders denke und nicht vorgefertigten Meinungen folge. Ich muss mich nicht für die anderen verbiegen, ich liebe mich, so wie ich bin. In den Esoterikbüchern, mit denen ich mich beschäftigt habe, heißt es dementsprechend, Glück findet man nie durch äußere Umstände, sondern nur in sich selbst. Ja, und dies habe ich hier auf Mallorca erlebt.

Mark küsst mich zart am Hals und fragt, wo ich bin.»Natürlich hier bei dir, mein Schatz. Ich habe eben noch ein bisschen über meinen wunderschönen Urlaub nachgedacht.«

»Darf ich dich mal etwas Persönliches fragen?«, spricht mich Mark an.

»Warum nicht?«, stimme ich zu.

»Stimmt doch, du schminkst dich nie? Von anderen Frauen weiß ich, sie brauchen manchmal Stunden um fertig zu werden, du bist immer in kürzester Zeit fertig und startbereit.«

Erst muss ich lachen und dann antworte ich ihm:»Jede Frau ist eben anders. Manche Frauen glauben, sie müssen sich, um geliebt zu werden, besonders schön machen und sich schminken. Meine Einstellung zu der Sache ist die, so wie ich bin, bin ich völlig in Ordnung. Wenn da ein Teil an mir noch nicht so ganz meinen Wünschen entspricht, dann liebe ich diesen Teil ganz besonders und widme mich ihm, indem ich ihn pflege und hege, bis er in Ordnung ist, so wie er ist. Also, ich würde einem Pickel an mir alle Pflege zukommen lassen, die er braucht und ihn dann so akzeptieren, wie er eben nun mal ist.

Um auf deine Frage zurückzukommen, ich will um meiner selbst geliebt und akzeptiert werden und nicht wegen meiner Wirkung. Schminke ist für mich persönlich eine Maske, die ich nicht brauche. Mein Aussehen ist für mich total in Ordnung.

Übrigens gefallen mir geschminkte Frauen manchmal außerordentlich, da empfinde ich wie die Männer, die sehen einfach toll aus. Doch an mir wirkt es einfach nicht echt, denn nach kürzester Zeit habe ich die Schminke sonstwo, nur nicht dort, wo sie hingehört.

Wie gesagt, ich finde mich in Ordnung, so wie ich bin und wenn das andere nicht so sehen, ist das deren Sache und auch okay.«

Mark lacht über mein Geständnis und meint:»Bist du vielleicht in dich selbst verliebt?«

Doch jetzt muss ich etwas richtigstellen und erkläre ihm:»Nein, ich bin nicht in narzisstischer Art und Weise in mich verliebt, sondern ich liebe mich als das, was ich bin. So wie sich jeder lieben sollte, denn erst dann kann man andere lieben.«

Mark fragt mich nun, wie ich es bei ihm empfinde, ob er sich meiner Meinung nach auch selbst genügend liebe?

Darauf antworte ich ihm, dass er an mangelndem Selbstwertgefühl wohl nicht zugrunde gehen würde. Im Grunde handelt und denkt er ähnlich, bezogen auf sich selbst, wie ich. Aber bei Männern ist dies irgendwie normal und selbstverständlich. Männer brauchen sich nicht unbedingt schöner für die Welt zu machen, sie wirken durch ihre Taten. Obwohl mir, wie ich ihm jetzt erkläre, so ein Schnuckelchen, wie er eines ist, ausgezeichnet gefällt. Um ihm meine Worte nicht zu ernst erscheinen zu lassen, setze ich mich auf seinen Bauch und fange an, mit ihm zu raufen.

Doch da habe ich schlechte Karten und bin sofort die Unterliegende und das im wahrsten Sinne des Wortes. Jetzt sitzt nämlich Mark auf mir und möchte, dass ich um Gnade flehe.

Wir trinken noch unseren Wein und es gibt noch Gutenachtküsschen. Aneinandergekuschelt erfüllt mich eine tiefe Zufriedenheit.

Alte Gefühle

Unter mir konnte ich eben noch die Berge der Alpen sehen, doch jetzt ist alles ein wolkiges Grau-in-Grau. Noch gut eine Stunde, dann bin ich wieder in Berlin. Die Motoren des Flugzeuges brummen ruhig und gleichmäßig. Trotz großer bevorstehender Veränderungen in meinem Leben bin ich ruhig und ausgeglichen. Mark hat sich herzlich von mir am Flughafen verabschiedet. Bezüglich eines Wiedersehens haben wir keine Vereinbarungen getroffen. Wir wollen telefonieren, sonst haben wir alles offengelassen. Egal, wie alles kommt, die Stunden mit Mark möchte ich nicht missen. Meine Beziehung zu Jürgen werde ich in der bestehenden Form nicht weiterführen. Ich habe mir im Kopf schon die Worte zurechtgelegt, wie ich Jürgen, ohne ihn vor den Kopf zu stoßen, klarmache, dass eine Trennung für uns beide das Beste ist. Es sind beim Rückflug mehr Plätze besetzt als beim Hinflug. Zwar habe ich einen Fensterplatz, doch die zwei Sitze neben mir sind besetzt und es ist ein bisschen eng. Dort sitzt ein älteres Ehepaar, das immerzu etwas zu kramen hat. Mal sucht sie etwas in ihrer Tasche unterm Sitz, dann muss er aufstehen, um etwas aus der Klappe über unseren Sitzen zu holen. Jetzt muss sie zur Toilette und um aufstehen zu können, bittet sie mich, ihr Geschirr und die Essensreste auf meinem Tischchen abstellen zu dürfen. Natürlich bin ich so nett und gestatte es. Jetzt lasse ich mich nicht mehr stören und werde ein bisschen meditieren. Dazu drehe ich die Lüftung über mir etwas an und mache es mir so bequem wie möglich. Nun atme ich ruhig und gleichmäßig ein und aus, lautlos zähle ich »eins«. Nach dem nächsten Atemzug kommt »zwei« und immer so weiter bis »fünf«. Jetzt geht es wieder von vorne los. So, nun passiert in meinem Gehirn weiter nichts als das Konzentrieren auf das wiederholte Zählen meiner Atmung, immer nur bis zur Zahl Fünf.

Die Aufforderung zum Anschnallen bringt mich aus meiner Entspannung. Inzwischen ist mein Tischchen vor mir leer und meine Nachbarsleute sitzen angeschnallt auf ihren Plätzen. Die Maschine verlässt ihre Flughöhe. Dies merke ich immer an dem verstärkten Druck auf meinen Ohren. Eben neben mir noch graues Weiß der Wolken, zerreißt der Nebel und ich kann Straßen und Ortschaften unter mir erblicken. Dieses große Häusermeer vor uns ist die Stadt, in der ich wohne, unsere Hauptstadt Berlin.

Jürgen winkt zu mir rüber, als ich mit meinem Koffer in die Vorhalle komme. Er begrüßt mich mit einer kurzen Umarmung und der Frage:»Alles gut gelaufen?« Dies kann ich ihm reinen Gewissens bestätigen.
Noch bevor ich irgendetwas berichten oder erzählen kann, merke ich, dass ihm etwas auf der Seele brennt. So frage ich ihn, ob hier bei uns zu Hause alles in Ordnung ist. Mit der langen Anlaufpause, ehe er zu sprechen beginnt, macht er mich etwas nervös.
Nun endlich kommt er mit der Sprache raus:»Hier bei uns in Berlin und mit Udo ist alles bestens.« Mir fällt ein Stein vom Herzen.»Aber«, spricht er weiter,»Mutti in Leipzig hat heute einen schweren Unfall gehabt, sie liegt im Koma.«
Das tut mir sehr leid, Jürgens Mutti ist eine liebe alte Dame und wir mögen uns beide sehr.
Nun drücke ich Jürgen noch einmal, denn ich weiß, dass er sehr unglücklich ist. Außerdem plagt ihn bestimmt sein schlechtes Gewissen, weil er nicht, wie verabredet, voriges Wochenende zu ihr gefahren ist.
Jürgen nimmt meinen Koffer und wir gehen zum Auto. Unterwegs bittet mich Jürgen, jetzt gleich mit ihm nach Leipzig zu fahren. Als ich zu ihm rübersehe, bemerke ich, wie geschafft er ist. Allein kann ich ihn jetzt nicht mit dem Auto fahren lassen. Meinen Vorschlag,

mit der Bahn nach Leipzig zu fahren, lehnt er kategorisch ab. Schon um dort flexibel zu sein, meint er, brauche er das Auto.

Also fahren wir gar nicht erst nach Hause, sondern gleich auf die Avus, die Berliner Stadtautobahn. Inzwischen habe ich Udo vom Handy aus erreicht und ihm mitgeteilt, dass wir auch nach Leipzig kommen und ihm vom Unfall von Jürgens Mutter berichtet. Udo und ich treffen uns morgen in der Klink, in der Jürgens Mutter liegt. Es ist schön, Udos muntere Jungenstimme zu hören, ich habe ihn wohl doch sehr vermisst. Das darf ich ihn nicht merken lassen, dies wäre seiner Meinung nach uncool. Er hat mit seinem Vater sehr viel Spaß in Leipzig gehabt, besonders bei dem Fußballspiel. Also alles bestens.

Inzwischen sind wir auf der Autobahn nach Leipzig. Jürgen erzählt mir, was ihm eine Nachbarin über den Unfallhergang berichtet hat. Demnach ist sie vor der Haustür rückwärts drei Steinstufen heruntergefallen. Dort hat man sie gefunden, aber den genauen Unfallhergang weiß man nicht.

Jürgen sieht schrecklich bleich aus und so bitte ich ihn, am nächsten Rastplatz anzuhalten, um das Steuer von ihm zu übernehmen. Er nimmt mein Angebot dankbar an, obwohl er sonst lieber selbst fährt. Kurze Zeit, nachdem ich das Fahren übernommen habe, sehe ich, dass Jürgen eingeschlafen ist.

Das hätte ich am Morgen noch nicht gedacht, dass ich heute mit Jürgen über die Autobahn nach Leipzig düsen würde. Sicher, ich hätte sehr gern in Ruhe zu Haus ausgepackt und meinen Urlaub entspannt ausklingen lassen, aber manchmal kommt es eben anders, als man denkt.

Hoffentlich erholt sich die alte Dame wieder gut. Bei unseren Treffen habe ich viele interessante Gespräche mit Helga, so darf ich Jürgens Mutter nennen, geführt. Sie ist eine nette, gebildete alte Dame. Sie hat mir immer ans Herz gelegt, mich um Jürgen zu kümmern. Sie ist auch der Meinung, dass nur zu arbeiten nicht alles im Leben sein kann.

Ja, Helga, das mir Mögliche habe ich für die Beziehung zwischen mir und Jürgen getan. Leider sind die Früchte meiner Bemühungen für mich nicht befriedigend.

Für mich steht die Trennung von Jürgen nach wie vor fest. Das Problem ist nur, jetzt ist wirklich nicht der richtige Zeitpunkt, es ihm zu sagen. Ich habe zwar Mitgefühl für Jürgen, aber kein Mitleid. Jeder schöpft sich sein Leben selber und muss seine Erfahrungen selbst machen.

Für Wartende wurden hier im Flur der Intensivstation ein paar Stühle aufgestellt. Man führte uns durch eine Art Schleuse, nun tragen wir grüne Kittel und Plasteüberzieher über unseren Schuhen zur Vermeidung von Infektionen durch Straßenschmutz.

Eine Schwester führt uns in ein Krankenzimmer der Station. Alles wirkt hier steril, kalt und unpersönlich. In dem Bett mit den vielen angeschlossenen Maschinen und Geräten liegt eine schmale Person mit einem verbundenen Kopf – Helgas Gesichtszüge sind kaum zu erkennen.

Jürgen ist wie erstarrt und steht steif an ihrem Bett. Ich streiche über seinen Arm und er schaut mich hilflos an. Ich hole mir einen Stuhl und setze mich neben das Bett. Auch Jürgen bewegt sich jetzt, holt einen Stuhl und setzt sich auf die andere Seite des Bettes.

Leise rede ich jetzt auf Helga ein und erzähle ihr, dass Jürgen und ich sofort gekommen sind, als wir von ihrem Unfall gehört haben. Dabei streichele ich ihre Hand und ihre Wange. Dann erzähle ich immer weiter von wichtigen und unwichtigen Dingen aus unserem Leben.

Plötzlich unterbricht mich Jürgen: »Und du glaubst, dies versteht meine Mutter? Und wenn ja, wird ihr das nicht zu viel in ihrem jetzigen Zustand?«

Nun lächele ich Jürgen beruhigend an und antworte ihm, dem alten Skeptiker, so beruhigend wie möglich: »Mutti wird mich nicht wortwörtlich verstehen, aber das Gefühl, nicht allein zu sein und die Beruhigung, alles ist in Ordnung, wird ihr Unterbewusstsein gefühlsmäßig erfassen. Du weißt, unser Unterbewusstsein regelt unsere Körperfunktionen entsprechend unseren Gefühlen, und gute Gefühle tragen somit zur Heilung bei.«

Jürgen schaut mich skeptisch an, nimmt dann aber die Hand seiner Mutter und streichelt sie.

Um die beiden ein bisschen für sich zu lassen, gehe ich zum Fenster und schaue auf das Klinikgelände hinaus. Ringsum sind die einzelnen Trakte des Krankenhauses erleuchtet. Ich merke, wie mein Bauch vor Hunger rumort. Über mir am Himmel sehe ich das Blinken eines Flugzeuges. Mir wird gerade klar, mein letztes Essen habe ich im Flugzeug zu mir genommen. Zum Glück habe ich während der Herfahrt genügend getrunken.

Als eine Krankenschwester ins Zimmer kommt, um uns mitzuteilen, die Patientin brauche jetzt Ruhe, drehe ich mich um und kann gerade noch sehen, wie Jürgen seine Mutter zärtlich auf die Stirn küsst. Diese Zärtlichkeit ist wohl eher notwendig für Helga als die Ruhe, die man ihr jetzt verordnet. Aber Jürgen steht auf und fügt sich und so füge ich mich auch. Aber vorher lasse ich es mir nicht nehmen, mich noch einmal persönlich bei Helga zu verabschieden. So tuschele ich ihr ins Ohr, dass Jürgen sie sehr lieb hat und wir beide an sie denken werden.

Wir übernachten in der Wohnung von Jürgens Mutter. Während der Fahrt dorthin versuche ich Jürgen zu überzeugen, die nächsten Tage noch hier bei seiner Mutter in Leipzig zu bleiben. Ihm ist klar, seine Mutter braucht ihn jetzt, doch hier in Leipzig zu bleiben, ohne dass er sich um seine Praxis in Berlin kümmern kann, bringt ihn völlig durcheinander.

Mit viel Mühe versuche ich ihm klarzumachen, dass ein Verlegen seiner Mutter im jetzigen Zustand gefährlich sei. Er argumentiert mit etlichen Erklärungen dagegen, als wäre ich für diese Entscheidung zuständig. Schweigend lasse ich ihn reden, so ist er wenigstens von dem traurigen Zustand seiner Mutter abgelenkt.

Bevor wir in der Wohnung seiner Mutter ankommen, kann ich ihn kurz unterbrechen, um ihm zu sagen:»Morgen treffe ich mich mit Udo am Krankenhaus, wir fahren dann mit dem Zug zurück nach Berlin. Kannst du uns zum Bahnhof fahren?«
Jürgen hält vor dem Haus seiner Mutter und schaut mich an, als käme ich von einem anderen Stern. Lautstark fragt er mich:»Du willst mich jetzt wirklich hier in dieser Situation allein lassen?«
Ehrlich antworte ich darauf:»Ja, es wird Zeit, dass du dich mal um deine Mutter kümmerst.«
Meine Gedanken sind sogar noch viel unschöner. In dem Sinne: Vielleicht ist es die letzte Möglichkeit für ihn, seiner Mutter zu zeigen, dass er für sie da ist. Mich mag seine Mutter sehr gern, aber lieben tut sie ihn. Deshalb werde ich mich auf keine Diskussionen einlassen, die Entscheidungen liegen jetzt bei ihm. Ich hoffe für ihn, er trifft jetzt die richtigen Entscheidungen.
In der Wohnung angekommen, nehme ich das kleine Sofa in der Stube in Beschlag. Es ist inzwischen 23:00 Uhr und ich bin todmüde. Nach einer kurzen Körperreinigung lege ich mich auf meinen Schlafplatz. Auf Jürgens Worte, er könne jetzt nicht schlafen, weil er viel zu erregt sei, antworte ich nur noch erschöpft:»Aber ich.«

Mein Rücken schmerzt, ich muss aufstehen, das alte Sofa ist zum Schlafen nicht mehr geeignet. Es ist kurz nach sieben Uhr. In der Wohnung ist noch alles ruhig. Es ist noch viel Zeit bis zu meinem Treffen mit Udo. Wie sich Jürgen heute wohl fühlt?
Nachdem ich jetzt meine Sachen gepackt und mich etwas gepflegt habe, schaue ich mich in der Wohnung um. Was ist noch zu bedenken? Ach ja, der Kühlschrank muss auf verderbliche Lebensmittel kontrolliert werden. Die Blumentöpfe habe ich gegossen. Das alte Brot ist entsorgt. Jetzt schnell noch Brötchen holen und den Frühstückstisch decken.

Jürgen frühstückt nicht mit, er hat keinen Hunger. Eigentlich wollte er sich ausschlafen und den versäumten Nachtschlaf nachholen. Dabei habe ich ihn mit meinem Frühstück, wozu ich ihn geweckt habe, gestört.

Inzwischen ist es 8:30 Uhr und ich muss mich beeilen, wenn ich mit der Straßenbahn rechtzeitig am Krankenhaus sein will, um mich mit Udo zu treffen. Doch Jürgen ist jetzt fertig und will mit mir zum Krankenhaus fahren.

Mit dem Auto ging es etwas schneller als gedacht und so kann ich noch einmal zu Helga gucken, bevor Udo kommt. Jürgen will inzwischen einen Arzt suchen, um genauere Auskunft über den Zustand seiner Mutter zu bekommen.

Am Bett von Jürgens Mutter treffe ich auf einen jungen Arzt und eine Krankenschwester. Sie sind mit der Einstellung der Geräte, an die Jürgens Mutter angeschlossen ist, beschäftigt.

Als sie mich bemerken, stelle ich mich vor. Danach bitte ich im Auftrage von Jürgen Renner um eine Aussprache mit dem zuständigen Arzt bezüglich des Zustandes von Helga Renner. Doch ich bekomme zur Antwort, sie wären dafür nicht zuständig, ich solle mir einen Termin für die Rücksprache mit einem Arzt im Stationszimmer holen. Doch ich kann nicht anders und frage:»Wie geht es ihr heute?«, und bevor sie mir antworten können, füge ich noch schnell hinzu:»Ich möchte aber jetzt nicht ›den Umständen entsprechend‹ hören.«

Die beiden schauen mich groß an und ich glaube, die Schwester muss sich ein Grinsen verkneifen. Sie meint dann:»Ich persönlich habe das Gefühl, sie könnte bald aufwachen, aber dies ist halt nur so ein Gefühl.«

Ich weiß, die Intuitionen von Krankenschwestern sind mit Erfahrungen verknüpfte Bauchgefühle, die man nicht unterschätzen sollte. Deshalb bedanke ich mich auch recht herzlich bei der Schwester, die schon einen tadelnden Blick von dem jungen Arzt einstecken musste. Den jungen Arzt lächle ich nun an und kann mir nicht verkneifen zu sagen:»Etwas menschliches Mitgefühl ist mehr als kalte Distanz und Sachlichkeit.«

Bevor ich gehe, streichele ich Helga noch einmal und rede ihr gut zu. Ich weiß, sie hört mich, zumindest ihr Unterbewusstsein. Nun muss ich schnell Jürgen finden, um ihm etwas Hoffnung zu machen. Im Dienstzimmer der Station finde ich ihn. Er verhandelt gerade mit einer Schwester. Udo wartet bestimmt schon unten am Eingang und wir dürfen unseren Zug nicht verpassen. Als nach ein paar Minuten das Gespräch noch immer nicht beendet ist, störe ich durch einen Zwischenruf und bitte um ein kurzes Gespräch mit Jürgen. Die Blicke von Jürgen und der Schwester sprechen Bände: »Wie kann sie nur!«.

Jürgen kommt dann doch zu mir. Er fragt mich mit hochgezogener Braue, was es denn so Wichtiges gebe, dass ich nicht mal eine Minute warten könne?

Nun fasse ich ihn an den Händen und schaue ihm in die Augen: »Jürgen, es geht um deine Mutter, ich habe das Gefühl, sie wird bald wach werden, bleib bei ihr, wenigstens heute. Udo und ich werden jetzt mit dem Zug nach Berlin zurückfahren. Deinen Ausfall in der Praxis werde ich regeln, indem ich deine Halbtagskräfte Vollzeit arbeiten lasse. Verlass dich auf mich, es wird alles auch einmal ohne dich gehen. Wir werden jeden Abend telefonieren.«

Jürgen ist über meine resolute Art etwas verblüfft, aber nickt dann zustimmend. Was soll es, manchmal muss man eben handeln. Nun gebe ich Jürgen schnell noch einen Kuss auf die Wange, dann verlasse ich die Station so schnell wie möglich.

Vor dem Haupteingang der Klink steht ein großer liebenswerter Junge, mein Sohn. Wie freue ich mich, ihn endlich wiederzusehen. Jetzt hat er mich gesehen und kommt gemessenen Schrittes auf mich zu. Früher wäre er gerannt gekommen, dies ist nach seinem jetzigen Ermessen »uncool«. Aber nun, bei mir angekommen, ist es wohl doch genug der Distanz, ich werde umarmt und sogar in aller Öffentlichkeit auf die Wange geküsst.

»Mama, wo bleibst du denn so lange, wir müssen doch los«, sind seine ersten Worte und egal, was er sagt, es ist wunderbar, seine sich schon etwas im Stimmbruch befindliche Stimme zu hören. Also stimme ich ihm zu und wir laufen zur Straßenbahn, die uns gerade vor der Nase wegfährt. Gerade will ich Udo klarmachen, dass wir auch noch rechtzeitig ankommen, wenn wir einen späteren Zug nehmen, als ich ein Taxi anhalten kann.

Wir haben den Zug noch erreicht. Jetzt sitzen wir gemütlich im Speisewagen. Dies war schon lange einmal ein Wunsch von Udo, mit einem Zug zu fahren und dann im Speisewagen zu dinieren, wie er sich ausdrückt. Wer weiß, was er sich darunter vorgestellt hat, da das Zugfahren für ihn eher eine Seltenheit ist. Jedenfalls prostet er mir mit seinem Malzbier zu und ist gut drauf. Wir erzählen und kichern, als hätten wir uns mindestens ein halbes Jahr nicht gesehen.

Nun erzähle ich ihm von dem Vorhaben, Weihnachten auf Mallorca zu verbringen. Er ist Feuer und Flamme, doch dann fragt er, ob Jürgen mitkommt. Jetzt könnte ich kneifen und sagen, Jürgen müsste sich um seine Mutter kümmern. Doch dann sage ich nur, dass wir ohne Jürgen fahren. Er schaut mich kritisch an, fragt aber nicht weiter nach.

Mindestens eine halbe Stunde lang höre ich die Interpretation meines Sohnes vom Fußballspiel. Er erzählt mit einem Elan und mit einer Sprachgewandtheit, dass ich meine wahre Freude daran habe.

Über die Schule und was letzte Woche so angefallen ist, reden wir auch noch so nebenbei. Er ist mit seinen schulischen Leistungen zufrieden und denkt daran, nach der 10. Klasse aufs »Berufsbildende Gymnasium« zu gehen.

Die Zeit vergeht wie im Fluge und schon fahren wir in Berlin in den Hauptbahnhof ein.

Zu Hause angekommen, geht es rund. Auspacken, schnell noch von der Tankstelle etwas zum Essen holen. Wenn ich, wie geplant, gestern angekommen wäre, hätte ich noch einkaufen können, so muss ich, was ich sonst nie mache, in der Tankstelle das Nötigste besorgen. Na ja, einmal geht das schon, ab morgen wird wieder bewusst und richtig und mit viel Gemüse und Obst gegessen. Udo erledigt noch Hausaufgaben und hilft mir dann beim Reinigen der Wohnung. Zusammen sind wir doch recht schnell fertig. So, nun noch die Wäsche in die Maschine und dann muss ich an die Organisation der Praxis denken.

Da wir über der Praxis wohnen, habe ich keine große Lauferei. Ich gehe nach unten und suche die Telefonnummer der Kollegin, die Jürgens Patienten ab morgen übernehmen soll. In seiner Praxis ist Jürgen sehr ordentlich und ich finde die Nummer sofort. Anke, Jürgens Angestellte, ist auch gleich am Telefon. Begeistert ist sie nicht von der plötzlichen Mehrarbeit, aber natürlich sieht sie die Notwendigkeit ein und die Sache geht klar. Sie fragt noch nach Jürgens Mutter und wünscht dieser gute Besserung. Dann fragt sie mich, wie mein Urlaub war und ich berichte begeistert in kurzen Zügen von Mallorca.

Während ich nach hinten in meine Wellnessabteilung gehe, überlege ich, dass sich Jürgen nicht einmal nach meinem Urlaub erkundigt hat. Mit seinen Angestellten hat er anscheinend doch darüber gesprochen. Na ja, es ging ja auch alles drunter und drüber seit meiner Ankunft, wahrscheinlich hat er nicht den richtigen Moment gefunden.

Als ich in meinen Arbeitsbereich komme, habe ich das Gefühl, nach Hause gekommen zu sein. Hannes, mein Kollege, hat alles gut im Griff, es wirkt alles harmonisch und gemütlich.

In unserem Bestellbuch sehe ich, mein erster Kunde kommt morgen erst um 9:30 Uhr. Da hat Hannes für mich gesorgt, so muss ich nicht gleich voll einsteigen.

Während ich das Bestellbuch durchsehe, merke ich, wie ich mich schon richtig auf morgen freue. Hannes, mein Kollege, hat mich bestimmt vermisst. Wir arbeiten sehr gut zusammen und ergänzen uns beinahe professionell. Hannes ist blind, dadurch ist er viel sensibler als andere Menschen. Er hat auch das richtige Fein- oder Bauchgefühl für Situationen und Schwingungen, die unausgesprochen in der Luft liegen. So herrscht immer eine angenehme Harmonie in unserer Wellnessoase.

Ach, morgen kommt auch Frau Helm zu mir, die wird bestimmt neugierig sein, wie es mir in Mallorca gefallen hat. Sie hat mir, als ich unbedingt noch einmal in die Sonne wollte, den Tipp mit dem Strand von Palma gegeben. Also Arbeit, dann bis morgen, ich komme.

Udo und ich haben es uns gemütlich gemacht und naschen nach unserem provisorischen Abendessen noch ein Eis. Wir wollen nachher noch eine Runde Schach spielen. Mein Mitbringsel aus Mallorca für Udo, ein wunderschönes handgearbeitetes Schachspiel, scheint ihm zu gefallen. Es ist natürlich klar, dass es heute noch eingeweiht werden muss.

Aber vorher quatschen wir noch ein bisschen. Udo ist nun doch neugierig, wie die Sache mit Weihnachten geplant ist. Er will wissen, ob Jürgen und ich uns gezankt haben.

Eigentlich möchte ich mit Udo noch nicht über den Stand der Beziehung zwischen Jürgen und mir reden, bevor ich mit ihm darüber gesprochen habe. So erkläre ich ihm nur kurz dazu, dass Jürgen und ich uns nicht gestritten haben, er aber auch noch nichts von Weihnachten weiß.

Doch mein lieber Sohn bohrt weiter und will Genaueres über meinen Aufenthalt in Mallorca wissen. Mit wem ich dort zusammen war und mit wem wir Weihnachten feiern wollen?

Und dann platzt es endlich aus ihm raus: »Hast du einen anderen Mann kennen gelernt?«

Ich antworte so diplomatisch wie möglich:»Ich habe verschiedene interessante Leute dort auf Mallorca kennen gelernt. Da ist Katrin, bei der wir wahrscheinlich zu Weihnachten sind, dann sind da Mark, ein Künstler, mit dem ich mich angefreundet habe, und Willi Seikat, ein Zahnarzt, mit seiner Familie.«

Nun sagt doch mein 15-jähriger Sohn zu mir:»Mama, ganz so blöd, wie du vielleicht denkst, bin ich nicht mehr, ich merke schon wie ihr beide, Jürgen und du, jeder eben sein Ding für sich macht. Bloß der Jürgen, der merkt das nicht, für ihn ist das so normal.«

Nach dieser Erklärung meines Sohnes ist mir nun vollends bewusst, was ich noch immer nicht wahrhaben wollte, die Kinderzeit von Udo ist vorbei und so muss ich ihn nun auch behandeln.

So bitte ich ihn darum, dieses Gespräch zu vertagen, bis ich mit Jürgen geredet habe. Wir sind beide der Meinung, dass dies gegenüber Jürgen fair ist.

Nun können wir uns endlich ganz in Ruhe unserem Schachspiel widmen.

Bewährtes schätzen

Gut ausgeschlafen, bereite ich mich auf meinen ersten Arbeitstag vor.

Gestern habe ich noch mit Katrin telefoniert und ihr mitgeteilt, dass ich gut in Deutschland gelandet bin. Wir haben dann noch ein bisschen in Erinnerungen geschwelgt und sie hat ihre Einladung für Weihnachten noch einmal wiederholt.

Mark habe ich nur eine Nachricht auf seinem Handy hinterlassen können. Nun hoffe ich, bald etwas von ihm zu hören.

Außerdem habe ich gestern auch noch mit Jürgen gesprochen. Wie vermutet, ist seine Mutter gestern mal kurz bei Bewusstsein gewesen und schläft jetzt einen erholsamen Schlaf.

Jürgen war recht optimistisch. Ich konnte ihn hinsichtlich seiner Befürchtungen in Bezug auf seinen Ausfall in der Praxis beruhigen.

Vor meinem Fenster peitscht der Wind die Bäume, der Himmel ist grau und es scheint gleich regnen zu wollen. So richtiges deutsches Novemberwetter. Da werde ich mir heute am späten Nachmittag die Zeit nehmen, um in die Sauna zu gehen. Vielleicht kann ich auch meine Freundin Katja überreden mitzukommen. Au ja, das wäre nicht schlecht, Katja würde sich wahrscheinlich freuen, wenn wir mal wieder etwas zusammen unternehmen.

Dies passt auch insofern, als Udo heute zum Training muss. Da kann ich ihn gleich mitnehmen, weil wir in die gleiche Richtung fahren müssen.

So, ich gehe jetzt nach unten und schaue erst einmal in Jürgens Praxis. Zu den Mitarbeitern in Jürgens Abteilung habe ich ein nettes, freundschaftliches Verhältnis.

Anke begrüßt mich als Erste und berichtet mir, alles würde auch mal ohne Jürgen ganz prima laufen. Da grinse ich sie an und sage: »Denk daran, Jürgen will das nicht hören.« Anke antwortet lachend: »Wir wissen das und sind alle sehr diplomatisch.«

Schnell begrüße ich die anderen noch, die in unterschiedlichen Kabinen arbeiten.

In meiner Abteilung angekommen, schleiche ich mich leise hinein und setze mich in unseren kleinen Personalraum. Es ist 9:25 Uhr und Hannes muss gleich kommen, denn um 9:30 Uhr beginnt auch seine nächste Behandlung. Er kommt herein, geht zum Tisch und trinkt aus seiner Tasse. Dann dreht er sich in meine Richtung, lacht und sagt:»Schön, mein Karlchen ist wieder da. Du glaubst wohl, ich habe mein Gespür für dich innerhalb einer Woche verloren und bemerke dich nicht?« Er kommt zu mir und wuselt mit einer Hand durch meine Haare. Ich revanchiere mich, indem ich ihn an den Ohren ziehe, ihn dann aber ganz schnell umarme.

Dies ist so ein Spiel zwischen uns, an dem wir unseren Spaß haben. Hannes fühlt immer, auch wenn ich noch so leise bin, dass ich im Raum bin. Er ist schon seit seiner Kindheit blind und so konnten sich seine anderen Sinne schärfen. Hannes ist für mich ein echter Freund. Mein Vater könnte er zwar nicht sein, doch ist er einige Jahre älter als ich und hat die nötige Reife, um mir immer mal einen guten Rat zu geben.

Wir beschließen, in unserer Mittagspause mehr zu reden und stürzen uns in unsere Arbeit.

Die erste Behandlung, die ich heute ausführe, ist eine Fußreflexzonentherapie. Der Kunde und ich sind ein eingespieltes Team.

Herr Köhler wird von mir schon längere Zeit betreut. Er hatte damals zu seinem sechzigsten Geburtstag Wellnessmassagen von seiner Frau, die schon seit längerem zu uns in unsere Entspannungsoase kommt, geschenkt bekommen. Durch ein Gespräch erfuhr ich damals von seinem Tinitus, den ihn sehr störenden Ohrgeräuschen. Aus Neugierde, ich bin eigentlich immer sehr neugierig auf das, was das Wohlbefinden meiner Kunden betrifft, fragte ich ihn, ob ich einmal testen solle, ob die entsprechenden Zonen an seinen Füßen belastet sind. Er fand dies genauso interessant wie ich und so testeten wir die Zonen am Fuß. Sie waren tatsächlich belastet. Wir vereinbarten einen Termin zur Fußreflexzonentherapie.

Anfangs waren die Erfolge nur von kurzer Dauer. Später dann, nach einer Behandlungsserie, bei der ich die entsprechenden Zonen entlasten und reflektorisch die körpereigene Entgiftung anregen konnte, war Herr Köhler für längere Zeit so gut wie beschwerdefrei. »So gut wie« bedeutet in diesem Falle, die Probleme traten gelegentlich auf, wenn er Stress hatte. Wir vereinbarten, dass wir einmal monatlich kontrollieren, ob wieder belastete Zonen an seinen Füßen zu finden sind. Heute ist wieder so ein Kontrolltag. Irgendetwas in mir arbeitet gefühlsmäßig, ich fühle ein Unbehagen. Warum bin ich heute nicht zufrieden mit der Sache, wie sie läuft? Bei der Fußreflexzonentherapie kann man nicht wie bei der Wellnessmassage ein bisschen nebenbei quatschen, sondern Therapierter und Therapierender sind voll bei der Sache. Dies geht manchmal schweigend oder auch mit Frage und Gegenfrage, ob Schmerz (gleich belastete Zone) oder kein Schmerz (unbelastete Zone) vorhanden ist.

Nun unterbreche ich für kurze Zeit die Behandlung und horche in mich hinein. Was bereitet mir dieses Unbehagen?

Es wird mir bewusst, der Patient konnte auch mit meiner Unterstützung nicht zur eigentlichen Lösung der Ursache seines Problems kommen. Heute habe ich bei ihm wieder viele belastete Zonen gefunden. Dies bedeutet, ich habe ihn zwar für eine gewisse Zeit vom Symptom (nämlich dem Ohrgeräusch) befreit, aber an der Ursache für die Symptome wurde nichts geregelt. Also werde ich meinem Gewissen folgen und Herrn Köhler aufklären. Das hört sich so leicht an, ist aber immer mit dem Risiko verbunden, man versteht einfach nicht, was ich will oder hält mich gar für etwas plemplem.

Nun beende ich die Behandlung etwas früher als gewöhnlich und lasse Herrn Köhler noch etwas ausruhen. Danach möchte ich noch kurz etwas mit ihm bereden. In der Zwischenzeit lasse ich kaltes Wasser über meine Hände und Arme laufen, um mich energetisch zu entlasten.

Was ich jetzt mit Herrn Köhler besprechen will, ist für mich nicht einfach auszudrücken. Es ist mir klar, ich wandele dabei auf einem schmalen Grat zwischen Verständnis oder Ablehnung. Aber ich will entsprechend meinen Gefühlen aus dem Unterbewusstsein handeln, um mein wahres Ich zu leben.

Ein leises Rascheln hinter dem Vorhang bedeutet, Herr Köhler ist aufgestanden. Er kommt aus der Kabine und wir gehen gemeinsam an unsere Wassertheke. Hier trinken unsere Kunden verdünnten Saft oder nur unser gutes energenisiertes, gefiltertes Wasser, um nach den Behandlungen besser entgiften zu können.

Wir sind allein und ungestört. So kann ich ohne Mithörer reden: »Herr Köhler, Sie wissen, Sie sind mir ein lieber Freund geworden, deshalb möchte ich heute etwas mit Ihnen besprechen und das fällt mir nicht gerade leicht. Denn es könnte sein, dass Sie mich für ein bisschen übergeschnappt halten. Es geht hierbei um neue Erfahrungen, die von medizinischer Seite aus noch nicht wissenschaftlich bestätigt sind. Doch immer mehr Menschen leben mit diesem Wissen, ich nenne sie die ›Neudenker‹. Sie hören auf ihre Intuition oder ihr Bauchgefühl.

Sie haben gemerkt, dass ich immer nur für eine gewisse Zeit Ihr Ohrgeräusch dämpfen oder beseitigen konnte. Dies zeigt mir, dass wir, nachdem wir Ihren Körper reflektorisch gereinigt haben, immer nur eine Symptombeseitigung vollzogen haben. Indem ich reflektorisch die für das Krankheitsbild notwendigen Zonen punktuell mit meinen Fingerbeeren oder ausgleichend mit meinen Händen behandelt habe, ist immer nur das Symptom Ihrer Krankheit beseitigt worden.

Die Ursache Ihrer Erkrankung habe ich nicht behandelt, ihre Symptome konnte ich zeitweise beseitigen. Jetzt kommt das, was so ein bisschen verrückt klingt, das Ohrgeräusch ist ein Symptom Ihres Körpers, das Ihnen zeigen will: Du musst etwas in deinem Leben verändern, damit du du selbst bist.«

Herr Köhler sieht mich mit kullerrunden Augen an und ich erahne, was für ein Gefühlschaos in ihm arbeitet.

Doch dann sieht er mich mit wachem Blick an und sagt: »Ich will jetzt offen zu Ihnen sein. Dies ist alles etwas seltsam, was Sie mir da erklären. Aber anfangs war ich gegenüber der Fußtherapie auch argwöhnisch, doch Sie haben mir geholfen. Also werde ich, was Sie da eben erklärt haben, versuchen zu verstehen. Ich betone, ich versuche es zu verstehen. Doch was meine Ohren und die Geräusche mit meinem Leben zu tun haben, müssen Sie mir noch einmal erklären.«

Netter Mann! Ich lächle ihn an und bedanke mich bei ihm für sein Vertrauen, dann erkläre ich ihm mit folgenden Worten:»Meiner Vorstellung nach ist unser Körper nur das Haus unseres wirklichen Ichs, und wenn man nicht das Leben führt, welches diesem Ich entspricht, krankt der Körper. Unser Körper will uns dann zeigen: So nicht, du lebst nicht das Leben, das du dir ausgesucht hast, sondern das, welches dir vorgeschrieben wird oder du glaubst, leben zu müssen.«

»Ja, und was soll man da machen?«, platzt es aus Herrn Köhler heraus.

Meine Zeit wird kapp, der nächste Kunde wartet bestimmt schon draußen. Doch die Klärung des angerissenen Problems und die Klärung der Sache mit Herrn Köhler liegen mir am Herzen. So schlage ich ihm vor, dass wir noch einmal, möglichst bald, einen Termin zur Behandlung seiner wieder auffällig gewordenen Fußzonen vereinbaren. Zu diesem Termin werde ich etwas mehr Zeit einplanen und ihm, wenn er noch interessiert ist, Möglichkeiten zur weiteren Vorgehensweise zeigen.

Er meint, er wäre nun recht neugierig geworden. Was mich natürlich sehr freut. Wir vereinbaren schon für die kommende Woche einen Termin. Dann gebe ich ihm für den Fall, er hat Lust dazu, die Überlegung mit auf den Weg, sich zu überlegen, was in seinem Leben ihm nicht entspricht; er zum Beispiel Dinge nur tut, weil man sie von ihm erwartet, dann seine Überlegungen so weiterdenkt, was könnte er ändern, um sie für sich passend zu machen. Natürlich gebe ich ihm den Rat mit auf den Weg, dies im stillen Kämmerlein nur mit sich selbst zu tun.

Nach einer netten Verabschiedung und Grüßen an seine Frau eile ich von Herrn Köhler zur nächsten Kundin. Während ich in die hintere Kabine gehe, wohin Hannes meine nächste Kundin geschickt hat, atme ich tief durch und mache meinen Kopf frei für alles, was jetzt kommen mag.

Hannes und ich sitzen in unserem kleinen Pausenraum. Mein lieber Freund und Kollege möchte alles ganz genau über meinen Urlaub wissen. Zum einen aus Interesse an mir und meinem Leben und zum anderen, weil er es genießt, wenn ich ausführlich über Land, Leute, Natur und Abenteuer berichte. So habe ich es mir zu Eigen gemacht, mit ihm intensive oder auch tiefer gehende Gespräche zu führen. Das führte dazu, dass er mich manchmal besser kennt als ich mich selbst. Na ja, besser gesagt, mich früher erkennt als ich mich selbst.

Als ich mit der begeisterten Schilderung von Mallorca und meinem Erlebnisbericht fertig bin, sehe ich, Hannes hat sich gemütlich zurückgelehnt und reagiert gar nicht. Hat es ihm jetzt die Sprache verschlagen oder schläft er? Egal, ich muss jetzt erst einmal zur Toilette. Leise will ich mich rausschleichen, als Hannes zu mir sagt: »Wenn du fertig bist, komm bitte noch mal her.«

Hat er mich doch wieder reingelegt, nicht nur nicht geschlafen, nein, er weiß auch noch, wo ich hin will.

Zurück in unserem Pausenraum fragt Hannes mich: »Wie soll die Trennung von Jürgen ablaufen?«

Nun verblüfft er mich total, woher weiß er, dass ich mich von Jürgen trennen will, obwohl ich ihm die ganze Geschichte mit Mark nicht erzählt habe. Auf meine Frage, wie er auf diese Idee komme, erklärt er mir nur, er kenne mich schließlich und außerdem wäre dieses Problem schon lange nur eine Frage des Zeitpunkts. Trotzdem muss ich noch mal nachhaken, wieso er gerade jetzt den Zeitpunkt für gekommen hält?

Mit einem spitzbübischen Ausdruck im Gesicht sagt er zu mir: »Intuition, Karlchen.«

Nun grinse ich auch etwas und ich weiß, ich habe in ihm einen ebenbürtigen Partner. Ohne Worte darüber zu verlieren, weiß ich, Hannes wird über die Beziehung von mir und Jürgen nicht reden. Er versteht auch, warum ich über die Trennung von Jürgen noch nicht sprechen will. Sein Kommentar dazu ist: »Da gib dir mal Mühe, die Sache so positiv wie möglich zu regeln. Vergiss aber nicht, du kannst auf alles verzichten, aber nicht auf Udos Kosten.«

Die nächsten Kunden erwarten uns schon und ich bin wieder neugierig, was es für Problemchen zu lösen gilt.

Udo und ich laufen um die Wette die Treppe zu unserer Wohnung hoch. Wir sind gut drauf. Udo hat sich bei seinem Training ausgepowert und ich war mit meiner Freundin Katja erst ein paar Runden schwimmen und dann haben wir uns in der Sauna so richtig schön entspannt.

Udo ist der Sieger, er ist mir eine Stufe voraus. Seit ungefähr zwei Jahren ist er jetzt immer der Sieger bei unserem Spielchen.

Unsere Wohnungstür ist offen. Überrascht gehen wir in die Wohnung, da kommt uns Jürgen entgegen.

Wir umarmen uns kurz und dann begrüßt er Udo mit Handschlag.

Mit den Worten »Euch geht es aber bestens« will er uns wohl maßregeln in Bezug auf die Situation mit seiner Mutter.

Es muss für ihn ein krasser Unterschied sein, von seiner kranken Mutter kommend, wieder ins pralle Leben zu treffen.

Jürgen und Udo gehen ins Wohnzimmer und ich bereite in Windeseile einen kleinen Snack.

Jürgen berichtet von seiner Mutter. Ihr geht es inzwischen so weit besser, dass sie von der Intensivstation auf eine normale Station verlegt werden konnte. Doch das Traurige ist, sie wird ein Pflegefall bleiben. Zwar hat sie bei dem Sturz auf den Kopf keine

Persönlichkeitsveränderung zurückbehalten, doch ihre rechte Körperhälfte bleibt wahrscheinlich gelähmt. Morgen will Jürgen alles in die Wege leiten, damit seine Mutter in ein Krankenhaus nach Berlin verlegt wird.

Jürgen will noch einmal schnell in seine Praxis, um nach dem Rechten zu sehen. Udo verabschiedet sich für den heutigen Abend von uns, er hat noch etwas für die Schule zu lesen.

Während ich den Tisch abräume, klingelt mein Handy. Mark ist am Telefon. Es ist schön, seine Stimme zu hören. Nach einem eher belanglosen Wortwechsel erklärt er mir, ich würde ihm fehlen. Die gemeinsame Zeit, die wir hatten, brauche eine Verlängerung. In mir werden wieder Gefühle wach, die so angenehm und süß sind. Ich erkläre ihm, was ich fühle und wie sehr ich mich freue, etwas von ihm zu hören. Nach einer kurzen Pause berichte ich von den Vorkommnissen hier bei uns in Deutschland. Wie nebenbei erwähne ich auch, dass Jürgen eben erst von Leipzig zurückgekommen ist und ich noch nicht mit ihm sprechen konnte.

»Willst du ihm von uns erzählen?«, fragt mich Mark.

»Später irgendwann«, antworte ich ihm, »mein vorrangiges Anliegen ist, ihm zu sagen, dass ich mich von ihm trennen will.«

An der anderen Seite der Strippe herrscht Stille. Nach einer Weile fragt mich Mark:»Hat diese Entscheidung etwas mit uns zu tun?«

Lautlos lache ich in mich hinein und denke mir, ob er es jetzt mit der Angst bekommt, weil ich eventuell sein Singledasein beenden will?

Aber ich liebe ihn ja, den Kerl da an der Strippe, darum werde ich ihn jetzt nicht auf die Schippe nehmen. Also antworte ich mit einer Gegenfrage:»Was hat das eine mit dem anderen zu tun?«

»Ach nichts«, ist seine kurze Antwort. Er berichtet mir von Katrin und der Familie Seikat, für die ich so etwas wie ein Prophet geworden sei. Wir lachen noch über ein paar gemeinsame Erinnerungen und verabschieden uns dann mit einem»Bis bald!«.

Als ich mich umdrehe, sehe ich Jürgen in der Tür stehen. Wie lange wird er dort schon stehen?

Jürgen beobachtet, wie ich die Reste vom Tisch auf das Tablett stelle. Als ich jetzt mit dem beladenen Tablett an ihm vorbei in die Küche will, macht er mir keinen Platz. So stehe ich vor ihm und schaue ihn an.

Nach einer geraumen Weile fragt er:»Mit wem hast du eben gesprochen?«

»Mit einem Freund, den ich auf Mallorca kennen gelernt habe«, antworte ich ihm.

Jürgen macht mir etwas Platz, damit ich in die Küche gehen kann. Er kommt mir nach und fragt mich, ob ich ihm etwas zu sagen hätte.

Während ich die Essensreste in den Kühlschrank und das Geschirr in die Spüle setze, antworte ich ihm:»Eigentlich wollte ich schon lange mit dir reden. Unser gemeinsamer Urlaub nach Mallorca sollte ausschlaggebend für dieses Gespräch werden. Wie du weißt, gab es keinen gemeinsamen Urlaub ...«

Hier unterbricht mich Jürgen und meint:»Und deswegen, weil ich nicht mit dir nach Mallorca gefahren bin, glaubst du, mich jetzt ins Gebet nehmen zu müssen?«

Verwundert, wie geschickt Jürgen zum Gegenangriff übergeht und mich wie ein Schulmeister mit einer Gegenfrage darauf verweist, wie lächerlich ich mich benehme, überlege ich jetzt meine nächsten Worte genau. Oder ist dies mein getrübter Blickwinkel, der die Situation so sieht?

»Also Karla«, sage ich in Gedanken zu mir,»überleg dir genau, was du willst und dann sag deine Meinung.«

»Komm, wir setzen uns in die Stube«, sage ich zu Jürgen und gehe. Jürgen folgt mir und wir setzen uns in unsere Sesselecke.

Ohne noch lange drum herumzureden, sage ich ihm Folgendes: »Das Leben, das du führst, entspricht nicht meiner Vorstellung von dem Leben, welches ich führen möchte. Eigentlich führt doch jeder von uns sein eigenes Leben. Du weißt, ich habe oft genug versucht, gemeinsam mit dir irgendetwas zu finden, was uns verbindet. Dies soll jetzt kein Vorwurf werden, aber du weißt, es ist die Wahrheit. Für dich ist außerhalb deiner Arbeit nichts, was dir wirklich etwas bedeutet oder auch nur Spaß macht. Es liegt mir fern, dich diesbezüglich zu kritisieren, aber mir ist das einfach nicht genug. Vielleicht habe ich allein die Möglichkeit, jemanden zu finden, der täglich etwas Besonderes im Leben entdecken und sich mit mir gemeinsam darüber freuen kann.«

Es scheint, als hätte Jürgen noch nie das Muster unserer Tapete gesehen, er starrt nun schon eine geraume Zeit die Wand an. Doch ich will ihn nicht drängen und warte geduldig.

Dann spricht Jürgen plötzlich: »Du willst dich jetzt von mir trennen, wie hast du dir das vorgestellt?«

Wahrheitsgemäß antworte ich: »Bis jetzt habe ich mir überhaupt noch nicht überlegt, wie das laufen könnte. Vielleicht könnten wir den Schlussstrich unserer Beziehung gemeinsam ziehen, möglichst kollegial, sodass wir Achtung füreinander behalten.«

Aufgebracht antwortet Jürgen: »Das sind doch wieder solche üblichen hohlen Worte. Wie willst du, was über Jahre entstanden ist, plötzlich ohne Streit trennen? Wie soll ich das meiner Mutter in ihrem jetzigen Zustand erklären?«

»Bis deine Mutter sich gesundheitlich stabilisiert hat, brauchen wir ihr nichts zu sagen. Danach wird sie es verstehen, denn sie beobachtet uns schon eine Weile aufmerksam. Das andere Problem empfinde ich als das größere. Hast du mich schon jemals hohle Worte reden hören? Dies tue ich mir nicht an. Kennst du mich so wenig? Wenn es die materielle Trennung ist, die dir Probleme macht, kann ich dich beruhigen, ich will keinen materiellen Nutzen aus der Trennung ziehen und dich auch nicht in puncto Praxis zusätzlich belasten. Das sind alles nur Dinge, die man braucht, an die ich aber mein Herz nicht hänge, weil sie austauschbar sind.«

»Du edler Mensch, war das vorhin am Handy ein möglicher Partner, mit dem du das Leben neu entdecken willst?«, fragt mich Jürgen provozierend.

»Möglich ist alles«, antworte ich so emotionslos wie möglich.

Neue Wege

Inzwischen haben Jürgen und ich eine annehmbare Übergangslösung gefunden. Wir wohnen noch gemeinsam in unserer Wohnung, aber ich ziehe mich abends ins Gästezimmer zurück. Meinen Beitrag zur Finanzierung des Kredits zahle ich weiter bei der Bank ein, nur nenne ich dies jetzt Miete für meine Wellnessabteilung. Ansonsten hat sich in unserem Zusammenleben eigentlich nichts geändert. Wenn Jürgen abends nach oben kommt, unterhalten wir uns höflich miteinander und meistens habe ich ihm auch etwas zum Essen hingestellt. Er hat eigentlich alles sehr gelassen hingenommen. Wenn ich da an ein uns bekanntes Paar und an deren Trennung zurückdenke, bin ich froh, dass alles so harmonisch bei uns abläuft.

Heute, das heißt in fünf Minuten, kommt Herr Köhler zu dem für heute vereinbarten Termin. Hannes kommt eben aus einer Kabine und fragt, wann wir mal schwatzen können. Aber die Termine mit den zu mir kommenden Kunden sind heute eng gesteckt. So frage ich ihn: »Wie wäre es mit einem Hannes-Karla-Treffen zum Feierabend?«

Hannes sagt: »Das wäre auch in meinem Sinne, ich muss nur meine Madam zu Hause anrufen, für den Fall, sie hat etwas anderes geplant.«

Bevor ich zu Herrn Köhler gehe, kann ich Hannes noch schnell zurufen: »Sag deiner Frau, sie braucht dich nicht abzuholen, ich bringe dich nach Hause.«

Au ja, da habe ich so eine Idee für Hannes und mich. Ich werde ihm nicht sagen, wohin wir fahren und er muss raten, in was für eine Lokalität ich ihn entführt habe. Etwas Exotisches halte ich heute für interessant. Da darf ich nicht vergessen, wenn Hannes mir seine endgültige Zustimmung gegeben hat, anzurufen.

Meine ganze Aufmerksamkeit ist bei Herrn Köhler. Die Symptomzonen bei ihm bestätigen mir, dass es richtig war, heute etwas Zeit für ein Gespräch einzuplanen. Während der Arbeit an den

Fußzonen teste ich noch mal alle Haupt- und Nebenzonen durch und trage alle Befunde in das dafür vorgesehene Kärtchen ein. Dies hilft mir, wenn Herr Köhler etwas Genaueres wissen will, mich zu erinnern und zu einem späteren Zeitpunkt weiß ich immer, was los war.

Außerdem mache ich heute viele beruhigende Ausgleichsgriffe. Meinen Gefühlen entsprechend ist das heute für Herrn Köhler notwendig. Er strahlt eine innere Unruhe aus. Es ist möglich, dass das bevorstehende Gespräch ihn etwas beunruhigt. Aber das ist nur eine Spekulation und etwas zu vermuten, wäre ein Fehler. Man muss als Behandler ohne Erwartungshaltung und immer offen sein für alles, was da kommen mag.

Nach der Behandlung setze ich mich mit Herrn Köhler in unseren Ruheraum, der ist gerade frei. Wir trinken unser gutes Wasser und ich warte, ob er mich etwas fragen will.

Als keine Frage von ihm kommt, erkundige ich mich nach seinem Befinden. Zur Antwort bekomme ich darauf, er habe schlecht geschlafen.

Den Grund dafür nennt er mir auch gleich, gestern ist sein Hund während eines Spaziergangs fortgelaufen und bis heute noch nicht wiedergekommen. Er versucht, mir seinen Kummer mit folgenden Worten zu verdeutlichen:»Wissen Sie, unser Waldmann, so heißt unser Dackel, ist noch nie weggelaufen. Wir haben Angst, dass er überfahren wurde. Er gehört einfach zu uns. Wenn ich ehrlich bin, morgens, beim Spazierengehen, rede ich sonst immer mit ihm und erzähle ihm alles.«

Also hat seine innere Unruhe einen handfesten Grund. Wir reden weiter über sein Problem und ich erzähle ihm, wie der Hund einer Bekannten, ähnlich wie seiner, ab einem bestimmten Alter sich auch des Öfteren selbstständig gemacht hat, um auf Freiersfüßen die Hundedamen der Umgebung zu beglücken. Diese Möglichkeit des Verschwindens seines Waldmanns gefällt Herrn Köhler.

Dann fragt mich Herr Köhler:»Aber Sie wollten mir doch heute die Sache vom letzten Mal noch genauer erklären?«

»Richtig«, sage ich zu ihm und komme zu meinem Anliegen. »Wir müssen herausfinden, was die eigentliche Ursache ihrer Ohrgeräusche ist. Sie waren, wie wir beide wissen, schon bei verschiedenen Ärzten, die die Ursache auch nicht finden konnten. Dies ist auch wirklich schwierig, da es so viele Möglichkeiten gibt, die zu dem Tinitus führen können. Haben Sie schon einmal etwas über Kinesiologie gehört?« Mein Gegenüber schüttelt verneinend den Kopf. »Kinesiologie ist ein Muskeltest, bei dem wir mit unserem Unterbewusstsein kommunizieren. Unsere Muskulatur kann normalerweise gegen einen bestimmten Druck gegenhalten. Kommt aber ein nicht eingeordneter Reiz auf unsere Sinne dazu, reagiert unsere willkürliche Muskulatur nicht nach unserem Willen, sondern handelt unwillkürlich unseren Reflexen entsprechend. Wir sprechen in dieser Situation von einem *Stressor.* Wir testen meist den vorgestreckten Arm. Drückt man auf den Arm, so kann der zu Testende diesen gut halten. Anschließend kommt von der Testperson ein ›Ja‹, der Arm wird gehalten, als nächstes ein ›Nein‹, der Arm wird schwach und geht nach unten. Dies ist von großer Bedeutung für den weiteren Test, also immer, wenn der Arm nach unten geht, ist das ein ›Nein‹. So können wir herausfinden nach dem ›Ja-Nein-Prinzip‹, wo die Ursachen für die Krankheit liegen. Das hört sich komplizierter an, als es nachher für Sie ist. Meine Erklärung für Sie war jetzt nicht hochwissenschaftlich, die Kapazitäten auf diesem Gebiet drücken sich noch etwas anders aus als ich. Können Sie nachvollziehen, was da abläuft?«

»So vage kann ich mir vorstellen, was Sie meinen, aber wodurch geht dann mein Ohrgeräusch weg?«, antwortet mir Herr Köhler.

»Ganz einfach, indem man nach dem schon erwähnten ›Ja-Nein-Prinzip‹ austestet, was die Ursache des Tinitus ist und sie dann beseitigt«, erkläre ich ihm.

Na ja, ganz so einfach ist es doch nicht, weil es eben sehr viele Ursachen gibt. Die Forschenden auf diesem Gebiet haben Möglichkeiten gefunden, durch bestimmte Modalitäten (z. B. durch bestimmte Druckpunkte an den Meridianen) schnell zum Kern der Sache vorzustoßen. Nach der gleichen Methode wird dann ausgetestet, welches Medikament (meist homöopathisches Mittel) in welcher Menge zu welcher Zeit und wie oft eingenommen wird.

»Es ist auch möglich«, fahre ich fort, »dass Ihr Ohrrauschen ein Symptom Ihres Körpers ist, bei dem die Ursache im psychischen Bereich liegt. Oft sind es nicht mehr gebrauchte Verhaltensmuster, die in der Kindheit geprägt wurden, die zu Störungen in der Gesundheit führen. Unser Körper bildet eine Darstellungsfläche für unsere Seele. Das bedeutet, die Krankheit will uns etwas lehren. Indem wir uns das bewusst machen, was uns da schadet und uns nicht entspricht, wird die Krankheit unnötig und verschwindet.«

»Und Sie können so etwas machen?«, fragt mich jetzt ungläubig Herr Köhler.

»Zumindest habe ich es gelernt und auch schon einige Male erfolgreich angewandt«, sage ich lächelnd zu ihm. »Es gibt hier in Berlin einige gute Kinesiologen, die ich Ihnen empfehlen kann. Einige von denen sind auch gleichzeitig Ärzte und Homöopathen, die auch gleich die nötigen Medikamente verschreiben können.«

Herr Köhler ist anscheinend von der Sache beeindruckt. Er will sich die Sache noch einmal durch den Kopf gehen und mich dann wissen lassen, wie er sich entscheidet. Das finde ich gut, denn man muss, ehe man sich zu solch einer Sache entschließt, eine positive Einstellung dazu haben.

Wir verabschieden uns voneinander und ich habe das gute Gefühl, richtig gehandelt zu haben. Darauf trinke ich jetzt noch einen guten Schluck Wasser. Gerade will ich zu Hannes gucken, als Herr Köhler noch einmal zurückkommt und aufgeregt zu mir sagt: »Aber wenn ich das mit dem Test wirklich mache, kann ich das doch bei Ihnen machen?«

Mit einem freundschaftlichen Lächeln sage ich ihm: »Ich bin immer für Sie da, Herr Köhler.«

Nun bedankt er sich noch einmal für die Mühe, die ich mir angeblich mit ihm gemacht habe und schüttelt mir die Hand.

Hannes geht mit mir zu unserem bestellten Tisch. Wir setzen uns und ich frage ihn neugierig, ob er schon weiß, wo ich ihn hingeführt habe.
Er lacht und meint, er müsse mich enttäuschen, hier rieche es so stark nach orientalischen Gewürzen, dass wir nur beim Chinesen oder bei einem Inder sein können. Als Krönung teilt er mir dann noch mit: »Wir sind über sechs Ampeln gefahren und zweimal nach links und zum Schluss einmal nach rechts, also können wir uns nur in dem neuen chinesischen Restaurant nahe dem Potsdamer Platz befinden.«
Er hat mich wieder einmal beeindruckt, mein Freund Hannes.
Die haben hier sogar eine Blindenkarte, sodass Hannes selbst wählen kann. Er bestellt sich knusprige Ente und ich entschließe mich zu vegetarischer Kost mit Reis und chinesischem Gemüse.
Nachdem wir noch etwas über meinen Urlaub und den Vortrag über Milch, den ich dort gehört habe, gesprochen haben, fragt mich Hannes plötzlich: »Hast du dir schon mal Gedanken gemacht, wie es nun mit dir und Jürgen weitergehen soll? Willst du bei ihm wohnen bleiben und was wird aus unserer Wellnessoase?«
Indem ich seinen Worten zuhöre, wird mir bewusst, dass ich daran noch keinen Gedanken verschwendet habe. Also antworte ich Hannes: »Wie du, da du mich gut kennst, richtig vermutest, habe ich darüber noch nicht nachgedacht. Aber die Sache mit unseren Arbeitsräumen werde ich morgen gleich mit Jürgen klären.«
»Du musst doch wissen, wie es mit dir und Udo jetzt weitergehen soll«, ermahnt mich Hannes.
Indem ich ihn leicht anstupse, sage ich zu ihm: »Du bist wie ein Vater um mich besorgt. Lass mir etwas Zeit zum Besinnen und

Fühlen, was gut für uns ist, es drängt mich keiner und ich bin noch für alle Möglichkeiten offen.«

Daraufhin meint Hannes:»Du bist mir manchmal wie ein Rätsel, wenn ich dich nicht so genau kennen würde, würde ich denken, die Sache geht schief. Bei dir ist es aber dann doch immer so, dass alles klappt. Wie gesagt, es ist mir ein Rätsel, wie du das machst. Vor allen Dingen erledigen sich deine Probleme letztendlich wie von selbst.«

Nun muss ich aber doch lachen und meine scherzend:»Du unterschätzt meine Diplomatie und außerdem, du kennst doch den schönen Spruch:›Wer im Sommer Gott vertraut, hat im Winter Sauerkraut‹. Hannes, ich habe einfach Vertrauen zum Leben.«

Unsere Essen sind inzwischen gekommen und wir lassen es uns schmecken. Mein Gemüse ist wirklich schmackhaft, ich bin zufrieden mit meiner vegetarischen Wahl. Hannes drängt mich, ihm beim Essen seiner riesigen Portion knusprigen Entenfleisches zu helfen, aber ich habe heute keine Lust auf Fleisch.

Es ist wieder mal ein gemütlicher Abend, doch wir müssen jetzt aufbrechen, sonst macht sich Hannes' Frau Sorgen.

Heute ist Jürgens Mutter von Leipzig hier nach Berlin in die Klinik verlegt worden, in der Jürgen und ich früher gearbeitet haben. Gleich nach Arbeitsschluss habe ich mich ins Auto gesetzt und bin jetzt auf dem Weg zu ihr. Zuvor setze ich Udo noch bei seinem Freund ab. Udo meint, er könne so lange, wie ich im Krankenhaus bin, mit seinem Freund lernen. Ob er das ernst meint? Na, meinen Segen haben die beiden, ob sie nun fürs Leben oder für die Schule lernen. Wir vereinbaren einen Treffpunkt, an dem ich in zwei Stunden auf ihn warten werde.

Beim Eintritt in das Klinikgebäude werden alte Erinnerungen wach. Damals, als Jürgen und ich uns hier kennen lernten, waren wir voller Hoffnung und Zuversicht für unsere gemeinsame Zukunft. Was ist schiefgelaufen und was gilt es, daraus zu lernen? Wie man in den Wald hineinruft, so schallt es auch heraus. Habe ich zu wenig Gefühl in unsere Beziehung investiert? Wenn ja, ist dies nur noch für meine Zukunft von Bedeutung.

Jemand hält mich von hinten fest und ruft: »Rate, wer ich bin.« Der Stimme nach kann das nur Ingrid, meine ehemalige Stationsschwester, sein. Also begrüße ich sie mit den Worten: »Hallo, Ingrid, schön dich zu treffen.«

Ingrid führt mich den Gang entlang zu Jürgens Mutter. Dabei erzählt sie mir, wer von den ehemaligen Kollegen noch hier arbeitet. Sie hat mit dem Kommen von Jürgen und mir schon gerechnet und sich auf uns gefreut. Inzwischen sind wir bei Helga angekommen. Bevor ich ins Zimmer gehe, verspreche ich Ingrid, nachher noch mal bei ihr ins Dienstzimmer reinzuschauen.

Die Verbände um Helgas Kopf sind einem größeren Pflaster gewichen. Sie schaut mich mit wachen Augen an und ich umarme sie voller Freude.

Bei Helga kullern ein paar Tränen und ich gebe mir alle Mühe, sie etwas aufzuheitern. Sie erzählt mir von ihren Fortschritten während der Physiotherapie. Allen ärztlichen Prognosen zum Trotz konnte sie heute den gelähmten Arm etwas bewegen. Wir sind nun beide der Meinung, mit der Beweglichkeit wird es von Tag zu Tag besser werden.

Als ich eine Weile nachdenke, will Helga wissen, was los ist. Da beschließe ich, mit Helga eines meiner Spiele zu spielen. Vorher aber informiere ich sie über die Tatsache, dass es Jürgen wahrscheinlich nicht gefallen wird, was ich jetzt mit ihr spielen will. Also sage ich zu ihr: »Du weißt, Jürgen wird es als Quatsch bezeichnen, wenn ich mit dir deinen Heilungsprozess durch deine Vorstellungskraft beschleunige. Er hat eben andere Ansichten über den Ablauf von Heilungsprozessen. Aber nur du musst entscheiden, was für dich das Richtige ist. Soll ich dir mal erklären, wie so etwas gemacht wird?«

In dem Gesicht der alten Frau spiegelt sich erst so etwas wie Trotz und dann erscheint ein Lächeln, nein, eher ein Grinsen auf ihrem Gesicht.

Dann meint sie zu mir: »Karla, wir spielen jetzt das Spiel, denn schaden kann es doch nicht?«

»Nein, Helga, schaden kann es dir nicht, schaden können dir nur negative Gedanken. Schaden tun sich nur die Kranken, die ständig an die schreckliche Krankheit, die sie befallen hat, denken und ständig denken: ›Ich will nicht krank sein.‹ Wir arbeiten hier mit unserem Unterbewusstsein und das versteht kein ›Nein‹ oder ›nicht‹. Dazu ein Beispiel, damit du mich verstehst. Wir sitzen in einer Gaststätte und wollen Kuchen essen, da wirst du doch nicht zu dem Kellner sagen, ich möchte kein Hähnchen, keine Suppe und kein Eis bestellen, sondern du bestellst den Kuchen, den du gern essen möchtest. Man kann sich nur Gesundheit wünschen, aber keine Krankheit abbestellen.«

Helga fragt mich: »Und wie mache ich das?«

Bevor ich jetzt mit dem eigentlichen Spiel, dem Visionieren beginne, erkläre ich ihr noch, wie wichtig dabei die Gefühle sind. Allein die Vorstellung von dem Zustand, den man gern hätte, reicht nicht. Man muss so fühlen, als hätte man schon den Zustand der Gesundheit erreicht.

Schnell schüttele ich noch mal das Kissen von Helga auf und lege sie so, wie sie es als bequem empfindet.

Wir lächeln uns noch einmal an und ich beginne: »Schließ die Augen und stell dir vor, du liegst in deinem Garten auf deiner so geliebten Hollywoodschaukel und der Wind schaukelt dich sanft hin und her und immer wieder hin und her. Fühlst du das beruhigende Schaukeln hin und her? Der Wind streicht sanft über dein Gesicht und über deinen Körper. Du liegst mit geschlossenen Augen. Die Sonne wärmt dich und du fühlst dich wohl. Die Wärme breitet sich in deinem Körper aus. Wärme ist Energie, die dir Kraft gibt. In jede Zelle deines Körpers dringt die kraftvolle, wärmende Energie. Du bist kraftvolle, warme, schwingende Energie. Wie das Schwingen der Schaukel schwingt auch alles in dir, alles ist Bewegung und somit Energie. In deiner Mitte, da, wo der Bauchnabel ist, ist dein Energiezentrum, von hier aus strömt jetzt reine heilende Energie in deine Arme. Fühlst du, wie die heilende Energie neue Verbindungen zwischen deinem Gehirn und deinen Armen schafft? Alles wird neu belebt, es kribbelt und pulsiert in dir. Deine Arme sind voller Kraft und du bist voller Freude darüber. Spür nur, wie gut sich das anfühlt.

Geh jetzt zurück in deine Körpermitte, zu der pulsierenden Kraft in dir. Schick nun die prickelnde kraftvolle Energie in deine Beine. Merkst und fühlst du, wie auch hier die Energie in dir arbeitet? Alle Zellen werden wieder in die ihnen entsprechenden eigenen Schwingungen versetzt. Kraftvoll fließen die Energien zwischen deinem Gehirn und deinen Beinen. Deine Augen sind geschlossen. Du fühlst, wie du voller Kraft bist und aufstehen möchtest. Stell dir vor, wie du dich langsam auf der Hollywoodschaukel aufrichtest, die Beine baumeln lässt, du schwingst im Sitzen vor und zurück, vor und zurück und immer noch einmal vor, zurück und vor und zurück. Wieder spürst du, wie der Wind deine nackten Arme und Beine streift. Die Vögel zwitschern und du hältst es nicht mehr aus, du musst jetzt vor lauter Freude die Augen öffnen. Vor dir siehst du den schönsten Sommergarten, den du je gesehen hast. Ein Blumenmeer mit roten, weißen, gelben und blauen Blumen liegt vor dir. Es duftet nach Wicken, die sich im hinteren Teil des Gartens an einem Gartenhäuschen emporwinden.

Irgendetwas auf dem Tisch vor dem Gartenhäuschen zieht deine ganze Aufmerksamkeit auf sich. Wie du dich auch vorlehnst und dich bemühst zu erkennen, was dort ist, du erkennst es nicht. Jetzt hörst du auch noch Geräusche von dort. Ist das eine feine zarte Musik, die von dort zu dir herüberklingt? Langsam stehst du auf und gehst Schritt für Schritt durch den blühenden, duftenden Garten zu dem Gartenhäuschen. Jetzt hörst du auch noch leise Stimmen und du willst wissen, was dort geredet wird. Du stehst jetzt vor dem mit Blumen umrankten Häuschen. Da wird es laut, viele Stimmen rufen: ›Sie ist es, sie ist da, sie hat es geschafft.‹ Alle deine Lieben warten dort auf dich und freuen sich über dein Kommen. Das ist ein Geknuddel, Gedrücke, und Küsschen gibt es natürlich auch. Du fühlst dich gut und zu allen Taten bereit. Nun gehst du zu dem schön gedeckten Tisch und schenkst für alle Kaffee ein. Spürst du, wie es sich anfühlt zu gehen, wieder für die anderen da zu sein? In dir ist eine große Dankbarkeit und Freude. Diese Freude bleibt in dir, sie ist dein Schatz. Helga, jetzt strecke dich und räkele dich so richtig wie nach einem langen Schlaf. Auch wenn du jetzt deine Augen richtig öffnest und wieder hier bei mir, deiner Karla, bist, behältst du alle Kraft für dein Leben in dir. Du bist bereit für Gesundheit. Öffne jetzt deine Augen und gib mir jetzt deine Hand.«

Schon als sich Helga räkeln sollte, bemerkte ich, wie die gelähmte Seite sich etwas an der Aktion beteiligte. Doch als sie mir jetzt ihre gelähmte Hand ein wenig entgegenstreckt, greife ich schnell zu und drücke sie.

Helga schaut mich mit feuchten Augen an und meint:»Es war wunderschön, du hast genau gewusst, was mich glücklich macht.«

Wir wollen es jetzt wissen. Helga lässt sich beim Aufsetzen helfen und stellt vorsichtig die Füße auf den Boden.

Plötzlich schreit sie los, sodass ich fürchterlich erschrecke. Doch es war nur ein Freudenschrei und sie wiederholt ständig die Worte:»Ich spüre mein Bein, ich spüre es wirklich, es gehört wieder zu mir.«

Sie will unbedingt aufstehen, doch das kann ich nicht zulassen. Gerade, als ich ihr erklären will, dass ihre Muskeln erst wieder trainiert werden müssen, stemmt sie sich mit aller Kraft, die sie noch hat, nach oben und ich kann sie gerade noch halten, bevor sie zusammenbricht. Gerade als ich sie mit ziemlichem Kraftaufwand ins Bett hieve, geht die Tür auf und ein Arzt kommt herein. Mit tadelnder Stimme ruft er recht lautstark:»Das kann doch wohl nicht sein. Was treiben Sie denn hier?«

Diesen Arzt kenne ich nicht, der war früher noch nicht hier. Darum stelle ich mich ihm vor und erkläre ihm, dass Helga testen wollte, ob sie wieder Gefühle in ihrem gelähmten Bein hat.

Da tönt doch der Brausekopf von Arzt los, was wir uns einbildeten, die Frau hat eine irreversible Parese. Er gibt es mir nun so richtig, indem er meint, was ich mir einbilde, indem ich die wahnwitzigen Vorstellungen der alten Frau unterstütze.

Früher hätte ich mich jetzt furchtbar aufgeregt und ihm unter vollem Protest meine Meinung unterbreitet. Da ich heute weiß, Probleme sind eingepackte Geschenke, lächle ich ihn mal ein bisschen an und überlege, was nun kommt.

Doktor Brausekopf (wie ich ihn nur in meinen Gedanken nenne) hat wahrscheinlich beschlossen, mich für etwas dümmlich zu halten. Vielleicht sah mein Lächeln wirklich etwas dümmlich aus. Jedenfalls erklärt er in Helgas Beisein, eine solche Verletzung schließe aus, dass die Patientin Gefühle in den Beinen haben könne.

Jetzt wird Helga munter und greift mit folgenden Worten in unser Gespräch ein:»Sie, Herr Doktor, können doch wohl nicht wissen, was ich in meinen Beinen spüre?«

»Oh, doch liebe Frau, wir haben da so unsere Erfahrungen, was Sie da spüren, sind Fehlmeldungen von ihrem Gehirn.«

Ein Blick zu Helga sagt mir, ihre ganze Freude ist gerade am Verschwinden. Nun muss ich aktiv werden. Höflich frage ich den Arzt, ob jetzt eine Behandlung mit Helga durchgeführt werden soll. Nein, er wolle als Stationsarzt nur mal nach dem Rechten schauen.

Nun erkläre ich ihm, dass dies recht löblich sei (ich spreche in diesem Fall so geschwollen, nicht weil ich von dem lieben Doktor etwas wissen will, sondern um mir den nötigen Respekt zu verschaffen). Und ich frage ihn, ob in etwa die Möglichkeit bestehe, mich noch einmal allein von der Patientin zu verabschieden?

Ohne ein weiteres Wort verlässt er das Zimmer. Helga ist den Tränen nahe. Schnell kuschele ich mich an sie und erkläre ihr:»Das Doktorleinchen glaubt, was es sagt, ich nicht. Helga, ich habe gesehen, wie du mir die Hand zugeschoben hast und habe dich während unseres Spieles beobachtet, als du dich gestreckt hast, deine beiden Körperhälften haben sich völlig gleich bewegt. Wenn du deine Beine spürst, ist das für mich völlig real. Jetzt sage ich dir noch etwas ganz Verrücktes. Der Arzt eben war so etwas Ähnliches wie ein Geschenk des Himmels. Dadurch, dass ich noch hier bin, kann ich seinen Einfluss auf dich noch revidieren. Wäre ich schon weg gewesen, hättest du ihm geglaubt. Schon Jesus heilte die Menschen mit den Worten: ›Es geschehe nach deinem Glauben‹, nachdem sie seine Frage, ob sie an eine Heilung durch ihn glaubten, bejahten.

Dies bedeutet für mich weiter nichts, als dass dein Glaube an Gesundheit dich heilt. Dein Unterbewusstsein arbeitet für dich, deinen Gefühlen entsprechend.«

Helga schaut mich an und sagt: »Du machst mir so viel Mut. Es ist nichts zu verderben, wenn ich fest an meine Genesung glaube. Was muss ich nun weiter tun?«

Schnell erkläre ich ihr noch einmal, wie sie denken muss. Nämlich sich gesund sehen, spüren, wie es sich anfühlt, wenn man gesund ist und ganz wichtig ist noch Dankbarkeit gegenüber dem Leben. Dann mache ich ihr noch den Vorschlag, das Spiel des Visionierens so oft wie möglich zu spielen und sich dort Energie zu holen.

Nun muss ich aber los. Nachdem ich mich verabschiedet habe, erkläre ich ihr noch, wie wichtig das Muskeltraining für sie ist, um wieder fit zu werden. Mit dem Versprechen, sie bald wieder zu besuchen, gehe ich.

Freudige Überraschungen

Als ich mit Udo die Treppen zu unserer Wohnung hochgehe, empfängt uns Stimmengewirr. Udo und ich schauen uns an, können uns aber keinen Reim darauf machen.

Oben angekommen, öffnet Jürgen die Tür und empfängt mich mit den Worten:»Du hast Besuch aus Mallorca.« Er verschwindet schnell wieder im Wohnzimmer. Nachdem ich meine Sachen abgestellt und meine Jacke ausgezogen habe, folge ich ihm. Mich überkommt eine große Freude, als ich Katrin mit einer Freundin auf unserem Sofa sitzen sehe. Katrin und ich begrüßen und umarmen uns voller Freude. Die Freundin von Katrin ist auch keine Unbekannte für mich. Wir kennen uns von der Feier nach dem Vortrag über Milch, damals auf Mallorca. Sie heißt Ulrike und ist auch ein sympathisches Mädchen.

Es gibt so viele Fragen zu beantworten und solch ein Durcheinander und Stimmengewirr, dass eigentlich keiner etwas versteht. Jürgen hat den beiden Wein serviert und scheint sich gut mit ihnen unterhalten zu haben.

Schnell hole ich mir auch ein Weinglas und stoße mit ihnen auf die tolle Idee von Katrin und Ulrike, uns zu besuchen, an. Die beiden haben sich bei einem Billigflug-Anbieter Tickets besorgt und sind einfach mal so kurz entschlossen zum Weihnachtsshopping nach Deutschland gedüst. Sie wohnen in einem Hotel zwei Bushaltestellen von uns entfernt.

Die Zeit vergeht wie im Flug. Udo und ich haben schnell in der Küche einen kleinen Imbiss zubereitet, der in der Stube mit großem Hunger verzehrt wird. Jürgen scheint von den Frauen sehr angetan zu sein. Es ist ein sehr lustiger Abend, wie ich ihn gemeinsam mit Jürgen seit Jahren nicht erlebt habe.

Zum Abschied fragt mich Katrin, ob ich es einrichten könne, noch mit in ihr Hotel zu kommen. Da ich sie eigentlich auch mal ganz gern allein sprechen möchte, stimme ich zu.

Unterwegs versuche ich von Katrin etwas über Mark zu erfahren, doch sie weiß nichts von ihm zu berichten. Schade, ich hatte gedacht, sie wolle mir etwas von Mark bestellen.

Im Hotel angekommen, fahren wir in die zweite Etage und halten vor einem Hotelzimmer. Katrin kramt umständlich in ihrem Täschchen und findet anscheinend den Schlüssel nicht. Ulrike klopft inzwischen leise an die Tür. Plötzlich öffnet sie sich und ich werde in Marks Arme gezogen. Bevor sie sich hinter mir schließt, kann ich nur noch hören, wie die Mädchen kichernd davonlaufen.

Mark ist hier, ich rieche, schmecke und spüre nur noch Mark. Das Leben kann so schön verrückt sein. Für Worte ist jetzt kaum Platz, kaum noch für Gedanken.

Wie viel Zeit ist inzwischen vergangen? Erst jetzt, wo mir Mark den von ihm bereitgestellten Sekt reicht, dringt die Umwelt wieder in mein Bewusstsein. Unsere Gläser klingen leise, als würden sie irgendetwas einläuten. Langsam finde ich auch meine Sprache wieder. So vieles will ich von Mark wissen und ihn fragen, doch mir, der wortgewandten Karla, fehlen die Worte. Einfach nur so dasitzen und Gefühl sein ist momentan so erfüllend.

Mark sieht mich strahlend an und freut sich wie ein Kind, dass ihm die Überraschung gelungen ist. Jetzt wird er ganz ernst und schaut mich an. Er streicht mit seinem Zeigefinger über mein Kinn, hebt es leicht an, sodass ich ihm in die Augen schauen muss, dann spricht er leise zu mir: »Du weißt, ich kann keine großen Worte machen, darum habe ich dir etwas mitgebracht, das für mich sprechen soll.«

Er geht zum Schrank und bringt etwas Verhülltes zum Tisch. Ich beobachte, was Mark jetzt so vorsichtig auspackt.

Vor mir steht eine Holzfigur, ungefähr vierzig Zentimeter hoch, die dabei ist, sich tanzend aus einem Holzklotz zu befreien. Es ist künstlerisch einmalig und die Person ist so lebensecht detailliert gestaltet. Da ist zum einen die Leichtigkeit der Bewegung und des Tanzes eingefangen und zum anderen ist auch die Schwere, sich aus dem Holz zu befreien, dargestellt.

Ein echtes Meisterwerk. Mark dreht das Kunstwerk etwas zu mir und ich erkenne meine Gesichtszüge in denen der tanzenden Figur. Nicht nur meine Gesichtszüge sind da zu erkennen, es ist so, als hätte Mark der Tänzerin aus Holz Leben eingehaucht. Das Gesicht drückt entrückte Entschlossenheit aus. Anders kann ich es nicht erklären. Mark hat mein entfesseltes Tanzen von damals besser festgehalten, als ich es erklären kann. Aber noch viel mehr sagt mir sein Kunstwerk, es drückt in jedem geschnitzten Detail seine Liebe zu mir aus. Dieses Kunstwerk ist wohl die schönste Liebeserklärung, die eine Frau jemals bekommen hat. Mir laufen die Tränen herunter, ich fühle mich so schwach und doch auch so glücklich.

Mark nimmt mich in seine Arme und erzählt mir, er hätte wie ein Besessener an der Holzfigur gearbeitet und oft darüber die Zeit vergessen. Doch als seine Karla, wie er sein Kunstwerk schelmisch nennt, fertig war, hat ihm das Original gefehlt.

Bis zum Morgen kommen wir nicht zur Ruhe, es gibt noch so viel zu erzählen. Es dämmert schon der neue Tag. Heute ist Samstag und ich liege neben Mark in einem Hotelzimmer.

Das erste Mal habe ich unabgemeldet nicht zu Hause geschlafen. Udo wird heute zum Samstag ausschlafen. Ob Jürgen bemerkt hat, dass ich die Nacht nicht zu Hause verbracht habe?

Mark zieht mich zu sich und ich merke, wie die Müdigkeit mich in den Schlaf zieht. Ja, ich kann es mir erlauben, noch ein bisschen zu schlafen.

Wieder zu Hause, räume ich die Reste von unserem gestrigen gemeinsamen Abendessen mit Katrin und Ulrike weg. Wie vermutet schläft Udo noch. Jürgen ist nicht in der Wohnung, er wird sich bestimmt wieder Patienten für heute bestellt haben. Da fällt mir ein, ich habe ihm nichts von meinem Besuch bei seiner Mutter im Krankenhaus erzählt.

Es ist besser, ich gehe jetzt zu ihm in die Praxis und berichte ihm von meinem Krankenhausbesuch.

Meine Vermutung war richtig, Jürgen kommt mir gerade entgegen, als ich in seine Praxis komme. Eine Patientin verabschiedet sich von ihm und geht an uns vorbei nach draußen.

Die Gelegenheit ist günstig, ich berichte ihm schnell über meinen gestrigen Besuch bei seiner Mutter. Er reagiert erfreut und ist froh, weil er es gestern nicht geschafft hat, zu seiner Mutter zu fahren. Jürgen geht in den Gemeinschaftsraum und ich folge ihm.

Ohne große Vorrede frage ich ihn, ob er mir die Räumlichkeiten der Wellnessabteilung bei unserer bevorstehenden Trennung überlässt.

Er fragt mich, wie ich mir das vorstelle. Ganz einfach, erkläre ich ihm, wir schließen die Verbindungstür zu deiner Praxis und meine Kunden kommen durch den Eingang vom Hof zu mir.

Nun möchte er wissen, wie wir den Rest regeln wollen.

Daraufhin erkläre ich ihm, er solle sich das ganz in Ruhe mal überlegen, wie es am besten zu regeln sei. Jürgen nickt und ich gehe wieder nach oben.

Inzwischen ist es 10:00 Uhr und Udo ist aufgestanden. Er hat sich in der Küche den Tisch gedeckt und lädt mich zu einer frisch gebrühten Tasse Tee ein. Darüber freue ich mich, denn ich sitze gern samstags mit Udo und quatsche mit ihm, während er frühstückt. Da ich meist nicht so lange schlafe wie mein Langschläfer Udo, trinke ich meist nur einen Tee. Heute habe ich allerdings ausgiebig mit Katrin, Ulrike und Mark im Hotel gefrühstückt.

Udo erzählt mir, er habe gestern lange ferngesehen, aber dann wäre es ihm doch zu spät geworden, auf mich zu warten.

Es ist, so glaube ich, an der Zeit, ihm von Mark zu berichten. Also erzähle ich ihm, wie mich Katrin und Ulrike damit überrascht haben, dass Mark im Hotel auf mich gewartet hat. Dann hole ich aus meinem Schlafzimmer das geschnitzte Kunstwerk von Mark.

Udo sieht es sich interessiert von allen Seiten an. Dann schaut er mich grinsend an und meint:»Mama, da zeigt aber einer Gefühle.«

Neugierig frage ich ihn:»Wie meinst du das?«

Erklärend meint er:»Na, das bist doch du, und er hat dich so abgefahren dargestellt, irgendwie cool.«

Da ich die Ausdrucksweise meines Sohnes kenne, weiß ich es als Lob zu werten. Also gestehe ich ihm jetzt, dass ich Mark sehr mag.

Er ist interessiert daran, Mark kennen zu lernen. So schlage ich ihm vor, heute mitzukommen, wenn Katrin, Ulrike, Mark und ich erst zusammen zu Mittag essen und uns dann das neu erbaute Areal am Potsdamer Platz ansehen.

Udo stimmt freudig zu.

Es wird ein lustiger Nachmittag. Wir bummeln durch die Geschäfte am Potsdamer Platz, sehen uns das Sony-Center an und wollen nun in das 3D-Kino. Mark und Udo haben sich schon mal ganz vorsichtig beschnuppert. Im Moment sind sie gerade beide sehr an den hier ausgestellten Sportwagen interessiert. Sie fachsimpeln über Motoren und kommen so ins Gespräch.

Schön, so kann ich mich mit Katrin etwas unterhalten. Sie berichtet mir, die Mutter von Frau Seikat, die ich ja damals auf Mallorca bei den Seikats kennen gelernt habe, hat es sich zur Aufgabe gemacht, die medizinische Betreuung auf Mallorca mit alternativer Medizin zu bereichern. Sie hat Katrin beauftragt, mich zu überzeugen, nach Mallorca zu ziehen und mit ihr gemeinsam so eine Art alternativ medizinisches Zentrum aufzubauen. Katrin ist der Meinung, die alte Dame hätte die Mittel dazu und würde es als Lebensaufgabe betrachten, etwas Sinnvolles mit ihrem Geld zu bewerkstelligen. Sie erzählt mir, die alte Dame wird von allen sehr respektvoll behandelt. Auch ihr Einfluss ist bei den spanischen Behörden und den auf Mallorca wohnenden Deutschen recht groß.

Katrin ist ehrlich der Meinung, dass dieses Angebot eine nicht zu unterschätzende Chance sei. Mein Interesse ist geweckt und ich lasse der Frau bestellen, dass ich gern zur Weihnachtszeit, während meines Aufenthaltes auf Mallorca, mit ihr persönlich über die Sache sprechen würde.

Es ist spät geworden und wir müssen uns schon beeilen, um den Anfang unseres Filmes nicht zu verpassen. Wir wollen uns in dem neuen 3D-Kino einen Film mit einem Gruselschloss ansehen. Beim Eingang zum Kinoraum erhalten wir jeder eine Brille.

Wir schauen auf eine überdimensional große Fläche. Vor uns ist nur freier Raum, weil der Vordermann sehr viel tiefer sitzt. Nun müssen wir schnell noch die Brillen aufsetzen und während ich das tue, sehe ich, wie Udo mit einer Hand in der Luft herumfuchtelt. Doch als ich auch meine Brille aufgesetzt habe, verstehe ich weshalb. Ein Engel schwebt vor mir und hält mir einen Zettel, auf dem die Mitwirkenden des Filmes stehen, so dicht vor die Nase, dass auch ich das Bedürfnis habe, ihn etwas beiseitezuschieben. Erstaunlich, welch eine Illusion und wie echt es wirkt.

Mark legt mir wie selbstverständlich den Arm um meine Schulter. Schön, die Welt ist mal wieder ziemlich in Ordnung, und eine große Dankbarkeit durchströmt mich.

Morgen um 17:30 Uhr wollen meine drei Besucher nach Mallorca zurückfliegen. Doch vorher wollen wir noch gemeinsam zum Brandenburger Tor und danach nach Lust und Laune die historischen Bauwerke ansehen.

Heute fahren wir noch zum krönenden Abschluss Richtung Kudamm und bestaunen das vorweihnachtliche Lichtermeer. Wohin man sieht, weihnachtliche Pracht. Morgen ist Sonntag, der erste

Advent. Die Straßen um das Europacenter sind voller staunender und drängender Menschen. Meine Besucher von Mallorca sind beeindruckt. Sie waren der Meinung, nur Palma de Mallorca könne so überfüllt mit Menschen sein.
Nach einem Glühwein und einer Rostbratwurst gehen wir zum Bahnhof Zoo und steigen dort in unseren Bus.

Udo und ich machen mal wieder unseren üblichen Wettlauf die Treppe hoch. Ich bin heute mal unfair und halte meinen Sohn an der Jacke fest, um ihn überholen zu können. Der eilt mir nach und protestiert lautstark: »Unfair, du schummelst.« Oben angekommen empfange ich ihn lachend und erkläre ihm: »Kindern und älteren Menschen muss man auch mal eine Chance geben.«
Wir raufen ein bisschen zum Spaß. Da öffnet sich die Tür und Jürgen empfängt uns mit einem Gesicht, das ausdrückt, ihr seid wieder unmöglich. Darauf reagiere ich mit einem Blick, der ausdrücken soll: Na, Gott sei Dank, sind wir das.
Aber ansonsten begrüßen wir uns zum Glück recht nett.
Es ist Samstagabend und Udo fällt ein, dass er für Geschichte noch etwas lernen muss. Ohne ein Wort zu sagen zucke ich mit den Schultern und verleihe meinen Gesichtszügen bewusst den Ausdruck: »Du bist alt genug, um zu wissen, was du tust.«
Sein Blick zurück zeigt, er hat verstanden, ich brauche keine großen Worte mehr zu machen. Wie man sich auch ohne Worte verständigen kann! Ich grinse etwas belustigt.
Als ich ins Wohnzimmer komme, steht da noch Marks geschnitztes Kunstwerk. Jürgen hat den Fernseher an, scheint aber nicht sehr an dem Programm interessiert zu sein.
Während ich über das Geschenk von Mark ein Tuch lege, um es nach drüben in meinen Schlafraum zu bringen, fragt mich Jürgen: »Woher hast du das?«

Um jetzt keinen Fehler zu machen, setze ich mich erst einmal hin und antworte:»Das hat ein Künstler, der auf Mallorca lebt, gemacht. Er ist gemeinsam mit Katrin und Ulrike hier.«

Jürgen fragt mich:»Wie stehst du zu dem Kunstwerkhersteller?«

Da hilft kein Drumherum, also rede ich Klartext:»Er ist mir sehr wichtig und ich habe mich in ihn verliebt.«

Jürgen starrt vor sich hin. Nach einer Weile fragt er weiter:»Und du glaubst, er kann dich glücklich machen?«

Mit dem Glauben ist es so eine Sache. Um an eine feste Beziehung mit Mark zu glauben, muss ich ihn näher kennen lernen, um zu wissen, ob es die Liebe ist, die die erste Verliebtheit überdauert. Außerdem bin ich nicht allein, mich gibt es nur im Doppelpack mit Udo.

Darum antworte ich:»Keine Ahnung, es könnte sein, muss aber nicht. Auf alle Fälle möchte ich erst einmal unabhängig von Beziehungen sein.«

Wahrscheinlich bin ich für Jürgen ein Rätsel mit sieben Siegeln, denn er fragt mich jetzt:»Ich verstehe es einfach nicht, wir haben uns nie gezankt, du weißt nicht, ob der andere Mann der Richtige fürs weitere Leben für dich ist und deine Freiheit hattest du auch immer bei mir. Was um alles in der Welt ist bloß in dich gefahren?«

Es ist allgemein bekannt, Männer denken grundsätzlich anders als Frauen. Trotzdem will ich noch einmal, auch zu seinem Nutzen, versuchen, ihm meine Gefühle und Hoffnungen für mein Leben zu verdeutlichen. Darum sage ich zu ihm:»Jürgen, du bist wirklich kein schlechter Kerl und ich liebe dich wie einen Bruder. Aber eben wie einen Bruder, und das ist mir nicht genug. Wir hätten uns ein gemeinsames Leben aufbauen müssen, indem wir etwas Gemeinsames fühlen und erleben. Unser gemeinsames Leben ist zu kurz gekommen, so wie auch unsere Gefühlswelt füreinander zu kurz gekommen ist. Wenn du jetzt zu mir sagst, ich bin anspruchsvoll, hast du Recht. Ich bin einfach neugierig aufs Leben und auf alles, was es mir noch bieten kann. Arbeiten, schlafen und essen bis zu meinem Rentendasein ist mir einfach nicht genug.«

Wie viel einfacher hätte ich dies einer Frau erklären können. Mit den Worten, es fehlt mir an Zuwendung, Zärtlichkeit und Gemeinsamkeit, wäre alles erklärt gewesen.

Jürgen seufzt und meint dann: »Ich glaube, es ist dein ehrlicher Wille, weiterhin freundschaftlich mit mir auszukommen. Ist es dir recht, wenn ich dich als Besitzer des Seitentraktes, in dem sich deine Wellnessabteilung befindet, ins Grundbuch eintragen lasse? Über den Räumen deiner Abteilung könntest du noch Wohnraum entstehen lassen.«

Dies zeigt wieder deutlich die rationale Denkweise eines Mannes. Eventuelle Gefühle, die ja eindeutig da sind, indem er für mein weiteres Leben vorsorgt, werden in einen materiellen, unverfänglichen Rahmen verpackt. Männer arbeiten möglichst mit ihrer linken Gehirnhälfte, der Seite, mit der logisch und rational gedacht wird.

Schnell gehe ich um den Tisch zu ihm, drücke ihn und sage ihm, dass er sehr großzügig und reell ist. Was er etwas linkisch überspielen will.

Wir sprechen noch über seine Mutter, der es inzwischen erfreulich besser geht. Jürgen meint, seine Mutter hätte sich zu einer nicht unbedingt einfachen, aber sehr gut genesenden Patientin entwickelt.

Er fragt mich: »Kannst du dir vorstellen, dass meine Mutter einen Vermerk in ihrer Krankenakte hat? Sie sei sehr eigensinnig und sehr uneinsichtig hinsichtlich ihrer Behandlungsmaßnahmen, steht in ihrer Akte.«

Erfreut darüber, dass Helga wieder Zeichen der Eigenverantwortung für ihren Körper zeigt, frage ich Jürgen, wer diesen Eintrag in Helgas Akte vorgenommen hat. Wie von mir vermutet, war es der Stationsarzt (der von mir Dr. Brausekopf titulierte Arzt). Nun halte ich es doch für notwendig, Jürgen von dem Zwischenfall mit dem Stationsarzt zu berichten.

Skeptisch schaut mich Jürgen an.

Sehr eindringlich erkläre ich ihm: »Egal, wie wissenschaftlich der

Arzt argumentiert, glaub einfach uns und unserer Intuition, es ist auch für dich besser das Positive zu glauben und es im Unterbewussten zu speichern.«

»Du hast wohl Recht, denn meine Mutter macht für mich sichtbare, beinahe nicht nachvollziehbare Genesungsfortschritte, sodass ich meine Skepsis gegenüber euren Intuitionen überdenken muss.« Bevor ich in mein Schlafzimmer gehe, berichte ich Jürgen, was ich mit meinem Besuch aus Mallorca morgen unternehmen will. Da sagt er etwas für mich Unfassbares: »Könnte vielleicht ich den Frauen morgen Berlin zeigen?«

Bemüht, meine Überraschung über seinen Vorschlag nicht zu zeigen, sage ich ihm, ich werde meine Freundinnen jetzt anrufen und sie fragen.

Während ich in mein Zimmer gehe, überlege ich, was ich bisher falsch gemacht habe, weil Jürgen sonst nie zu solchen Unternehmungen bereit war.

Katrin und Ulrike sind begeistert, sie wollen sich gern von Jürgen Berlin zeigen lassen. Bevor ich zu Mark ins Hotel fahre, schiebe ich Jürgen einen Zettel unter seiner Schlafzimmertür durch, auf dem steht, dass Katrin und Ulrike sich freuen würden, wenn er sie morgen gegen 9:00 Uhr in ihrem Hotel zum Stadtbummel abholt.

Unser letzter gemeinsamer Tag hier in Berlin ist für Mark und mich angebrochen. Wir fahren zu meiner Wohnung, um Udo, den Langschläfer, abzuholen. Damit wir noch ein bisschen erzählen können, wollen wir heute mit einem Schiff die Brückenfahrt durch Berlin machen. Udo hat sich bereit erklärt, uns zu begleiten.

Wir sind erstaunt, wie interessant Berlin auch für uns Berliner noch sein kann. Wir fahren durch Gebiete, zu denen man auf den Landwegen nicht kommt. Wenn wir mal nicht durch den Lautsprecher über diverse bekannte und unbekannte Dinge informiert werden, gibt es noch so viele Sachen zu bereden. Auch Udo überrascht mich mit seinen vielen Fragen, die er an Mark stellt. Meine Befürchtungen, Udo würde sich bei der Schifffahrt langweilen, sind unbegründet.

Wir bringen Mark zum Flughafen und sind uns einig, heute war ein wunderschöner Tag. Udo erklärt Mark, er wäre schon richtig neugierig auf Mallorca. Als ich ihn frage, ob er irgendetwas während unseres Urlaubs vorhabe, machen Mark und Udo verschwörerische Gesichter und erzählen mir nichts. Na ja, ich bin froh, wenn die beiden sich gut verstehen, sollen sie doch ihre kleinen Geheimnisse haben.

Während wir uns verabschieden, kommen auch Katrin und Ulrike. Sie sind beide recht müde, Jürgen hat ihnen halb Berlin gezeigt, aber es war auch für sie ein sehr schöner Tag.

Mit der Vorfreude auf das Wiedersehen fällt der Abschied nicht allzu schwer. Noch ein letztes Winken und Mark, Katrin und Ulrike sind hinter dem Abfertigungsschalter verschwunden.

Positiver Stress

Es drängt alles ein bisschen. Helga wird bald entlassen. Sie soll Udos und mein Schlafzimmer für sich als kleine Wohnung bekommen. Dies ist recht günstig für sie, denn von Udos Zimmer aus kann man direkt in ein kleines separates Bad mit Toilette gehen. Der an der anderen Seite des Bades von uns bisher nicht genutzte Raum soll für eine Pflegeperson renoviert werden. Dies bedeutet für mich, ich muss die Räume über meiner Wellnessabteilung für Udo und mich bewohnbar machen. Also nicht nur renovieren, sondern auch Sanitäranlagen auswechseln und die Heizanlage nach oben erweitern. Dies alles soll möglichst in eineinhalb Wochen fertig sein.

Um dies alles ankurbeln zu können, brauche ich Zeit. So habe ich mit Hannes abgesprochen, dass wir eine Aushilfe, die mich entlasten soll, bis ins neue Jahr hinein einstellen. Diese Aushilfe sollte möglichst schon ein bisschen Erfahrung im Wellnessbereich haben, mit uns harmonieren und so weiter. Meine Arbeit würde ich dann in diesem Zeitraum auf Fußreflexzonentherapie und Kinesiologie einschränken.

In fünf Minuten kommt eine Frau namens Ebert, um sich für die Aushilfsstelle zu bewerben.

Gerade als ich zu Hannes gehen will, um mit ihm noch mal abzusprechen, welche Kriterien bei einer neuen Kollegin für ihn wichtig sind, ruft von vorn eine laute Männerstimme. Es ist nicht zu verstehen, was der Mann von uns möchte. Schnell, um die sonst ausgeglichene Ruhe unserer Abteilung nicht noch weiter zu gefährden, gehe ich zu dem Störenfried. Es ist ein Handwerker, der Sanitärteile für unsere neue Wohnung bringt. Um nicht noch weitere Unruhe in unsere sonst so harmonische Oase zu bringen, gehe ich mit dem etwas stimmgewaltigen Handwerker auf den Hof und beschreibe ihm den Weg zur Wohnung mit der Bitte, wenn er die Teile nach oben getragen hat, auf mich zu warten. Indem er die Schlüssel an sich nimmt, meint er: »Junge Frau, aba machense nich zu lange, ick hawe och noch wat anderes vor.«

Mit einem möglichst entwaffnenden Lächeln sage ich zu ihm:»Meister, für Sie fliege ich.«

Grinsend stapft der gute Mann zu seinem Lastkraftwagen.

Mit mir gemeinsam kommt auch Herr Köhler bei Hannes im Wartezimmer an. Als ich ihn begrüße, sehe ich neben Hannes eine junge Frau sitzen. Dies ist sicher die Kollegin, die meine Vertretung übernehmen möchte. Als ich zu ihr gehe und ihr die Hand reiche, höre ich jemanden von hinten aus dem Nassbereich rufen. Da die Stimme sehr ängstlich klingt, gebe ich Hannes unser übliches Zeichen dafür, dass ich gehe. Als ich bei der ängstlich rufenden Frau ankomme, sehe ich, dass kein Grund zur Aufregung besteht. Die in einem Rosenbad liegende Frau hat wahrscheinlich an dem Schalter für die Wasserentleerung gespielt und nun fließt das Wasser, durch eine Pumpe unterstützt, etwas laut ab. Mit ein paar Handgriffen behebe ich das Malheur und beruhige die Frau. Jetzt gebe ich noch etwas warmes Wasser dazu und ein paar Tropfen einer gut duftenden, beruhigenden Essenz ins Bad. Als ich gehe, liegt die Dame wieder lächelnd in der Wanne.

Nun eile ich wieder nach vorn, wo Herr Köhler, die Kollegin und Hannes auf mich warten.

Hannes nimmt gerade ein Gespräch an. Er reicht mir den Hörer mit den Worten:»Für dich, jemand von Mallorca.«

Die Stimme an der anderen Seite der Leitung kommt mir bekannt vor. Ach ja, Frau Seikats Mutter. Leider habe ich ihren Namen nicht verstanden. Die Verbindung ist nicht sehr deutlich.

Sie redet mit sehr viel Elan auf mich ein und ich höre vor allen Dingen heraus, dass ich unbedingt kommen muss. Mit einem Auge sehe ich, wie Herr Köhler sichtlich nervös auf seine Uhr schaut. Mit dem anderen Auge sehe ich, wie Hannes etwas beunruhigt ins Terminbuch schaut. Mit dem dritten Auge, nämlich meinem inneren, fühle ich, wie die neue Kollegin die Ärmel hochkrempelt.

Kurz entschlossen schreite ich zur Tat. Mit den Worten:»Einen kleinen Moment bitte«, unterbreche ich das Telefongespräch. Hannes bekommt von mir den Hörer in die Hand gedrückt, mit dem Auftrag, mich zu entschuldigen, die Telefonnummer zu notieren und zu erklären, ich würde heute Abend zurückrufen. Dann schaue ich ins Terminbuch und schaue Herrn Köhler mit einem um Entschuldigung bittenden Lächeln an und gebe ihm den von ihm gewünschten Behandlungstermin. Ebenfalls lächelnd verabschiedet er sich mit den Worten: »Es ist nur so eilig, weil ich zum Arzt muss.« Nun kann ich mich endlich meiner eventuellen Vertretung vorstellen. Hocherfreut, dass sie nun auch mal an der Reihe ist, stellt sie sich vor: »Isch bin die Frau Äbert und würde Ihnen jerne hier aushelfen.«

Mir rutscht sofort die Bemerkung »eine Sächsin« heraus.

»Joh, aus Dreschten, bin ich«, antwortet sie mit einem stolzen Lächeln.

Im Terminbuch, welches mir Hannes wieder unter die Nase hält, ist in fünf Minuten eine Massage für mich eingetragen. Zum Glück schreibt sich Hannes meine Kunden in Blindenschrift immer mit auf.

»Frau Ebert, sind Sie bereit zu einem kleinen Test und übernehmen in ein paar Minuten meine nächste Massage?«

Strahlend antwortet sie: »No, ober selbstverständlisch, nischt lieber als das.«

Hocherfreut und etwas belustigt zeige ich ihr schnell die Räumlichkeiten und wo sie etwas Passendes zum Anziehen findet. Falls es Probleme gibt, soll sie sich an Hannes wenden.

Indem ich die Türe öffne, kommt mir schon der lautstarke Handwerker entgegen. Doch ich lasse ihn gar nicht erst zu Wort kommen und ziehe ihn mit mir mit.

Mit guten Worten kann ich ihn in unsere Wohnung lotsen, um ihm Helgas zukünftiges Bad zu zeigen. Das noch aus der alten Substanz bestehende Abzugsrohr ist defekt.

Herr Meyer, so heißt der Handwerker, schaut missbilligend auf das alte Rohr und schüttelt den Kopf. Er meint dann: »Das muss raus, und das kann dauern.«

In mir tönt ein Vögelchen: »Das darf nicht dauern, das muss schnell gehen.« Ich nehme Herrn Meyer mit in die Küche und indem ich jetzt alle Register meiner weiblichen Taktik spielen lasse, koche ich erst einmal Kaffe und mache ein paar leckere Häppchen für uns zurecht. Dann eröffne ich ihm, dass ich davon überzeugt bin, er wird die Sache mit dem Rohr und mein zukünftiges Bad in zehn Tagen fertig haben.

Ihm fällt der Unterkiefer nach unten, bevor er mir lautstark zu verstehen gibt, wie es ja so seine Art ist: »Wie komm' Se denn auf die verrückte Idee?«

Ich schiebe ihm die Häppchen zu und schenke ihm Kaffee ein. Mit den Worten »Essen Sie und ich werde es Ihnen erklären« bringe ich ihn nun total aus der Fassung.

Er tut, was ich ihm gesagt habe, isst und schaut mich dabei sprachlos an.

Diesen Moment nutze ich aus und frage ihn, was seine Frau und seine Familie dazu sagen, wenn er die nächsten zwei Wochenenden bei uns arbeiten wird? Schnell, bevor er mir unflätige Antworten geben kann, erkläre ich ihm, wie wichtig die Aktion ist, weil unsere Oma aus dem Krankenhaus kommt und die Räumlichkeiten braucht, da sie körperlich eingeschränkt ist. Als Entschädigung würde ich seine Frau in meiner Wellnessoase verwöhnen und uns allen ein exzellentes Mittagessen bestellen. Dann betone ich noch einmal, dass er meine letzte Rettung ist und glaube, mich auf ihn verlassen zu können.

»Frau, Sie hab'n ne umwerfende Überzeugungskraft. Da bleibt mir wohl weiter nichts übrig als zuzustimmen und noch ein paar von meine Kumpels zu überzeugen. Gilt dann das Verwöhnprogramm auch für die Frauen von meine Kumpels?«

Als ich ihm das bestätige, hält er mir die Hand hin und ich schlage ein. Innerhalb der nächsten halben Stunde habe ich alle Bauvorhaben mit dem Meister geklärt und alle meine Wünsche an den Mann gebracht. Der Mann für alle meine Fälle heißt in diesem Fall Herr Meyer, der heute noch mit dem Installieren beginnen will.

Als ich zurück zu meiner Arbeitsstelle komme, herrscht dort wieder die gewohnte Ausgeglichenheit.

Frau Ebert finde ich in unserem Umkleideraum. Sie erklärt, sie denke, alles richtig gemacht zu haben. Außerdem hat sie gemerkt, dass ich jemanden brauche, der auch richtig anpacken kann und das könne sie. Sie würde mir auch gern bei meiner bevorstehenden Renovierung helfen, wenn ich das will.

Mit festem Handschlag verabschiede ich sie mit dem Versprechen, ihr in den nächsten zwei Tagen auf jeden Fall mitzuteilen, wie ich mich entschieden habe.

Hannes berichtet mir, es haben sich inzwischen noch zwei Personen als Aushilfe gemeldet. Er hat deren Telefonnummern für mich notiert. Sie liegen zusammen mit einer Telefonnummer von Mallorca auf dem Schreibtisch.

Es reicht, wenn ich mir die anderen Bewerber morgen in aller Frühe ansehe.

So, jetzt werde ich die zehn Minuten, die mir bis zur nächsten Behandlung verbleiben, zu einer entspannenden Meditation nutzen. Dazu stelle ich mich an das geöffnete Fenster. Meine Konzentration richte ich nun vollkommen auf meine Atmung. Nichts außer meinem fließenden Atem ist von Bedeutung. Indem ich bis zu der Zahl zähle, solange ich einatmen kann, achte ich darauf, genauso lange auszuatmen.

Zusätzlich zu meinem aktionsreichen Arbeitstag habe ich es noch geschafft, Helga zu besuchen. Es musste heute sein, weil ich, wenn die Handwerker erst einmal richtig in Aktion sind, möglichst immer verfügbar sein will.

Heute habe ich Helga darauf vorbereitet, dass sie, wenn sie in knapp zwei Wochen entlassen wird, bei uns einziehen kann. Erst war sie etwas traurig, weil sie ja nun nicht wieder in ihre Heimat nach Leipzig zurückkann. Aber dann hat sie mir gestanden, dass sie eigentlich anfangs Schlimmeres befürchtet hat und das Wohnen bei ihrem Sohn eigentlich eine sehr schöne Sache ist. Wir haben besprochen, welche Möbel und Sachen sie in ihren Räumen haben möchte. Sie hat uns die absolute Vollmacht über die Gestaltung ihres neuen Lebensraumes erteilt. Dies ist, so finde ich, ein großer Vertrauensbeweis.

Natürlich haben wir auch wieder verschwörerisch an den Visionen zur schnelleren und besseren Heilung von Helga gearbeitet. Oder gespielt? Es geht ihr inzwischen wirklich viel besser. Sie kann mit Unterstützung ein paar Schritte gehen und ihre Hand macht die ersten Greifbewegungen.

Wir haben die nächsten Vorstellungen von normalem Bewegungsablauf in unsere Visionsgeschichte eingebaut.

Von Jürgens und meiner Trennung habe ich ihr noch nicht berichtet, es hat sich bisher noch keine günstige Gelegenheit ergeben.

Während ich die Treppe zur Wohnung hochgehe, kann ich nur noch an ein entspannendes Bad denken. Doch als ich zur Tür komme, empfängt mich mal wieder Stimmengewirr.

Mein Körper und auch meine Seele wehren sich gegen jede Art von Besuch. Auf der Stelle drehe ich mich um, schleiche nach unten in meine Wellnessoase und nehme mein wohlverdientes Entspannungsbad. Mit all den guten Zutaten, mit denen wir sonst unsere Kundschaft verwöhnen, verwöhne ich mich jetzt selbst.

Nach meinem Bad geht es mir wieder so richtig gut. Als ich noch mal auf unseren Schreibtisch gucke, ob für morgen alles gerichtet ist, fällt mir der Zettel, auf dem mir Hannes die Telefonnummern aufgeschrieben hat, in die Hände. Hannes schreibt mit einer Maschine, die mit Blindenschriftzeichen ausgestattet ist, doch gleichzeitig mit der erhabenen Punktschrift erscheint für mich der normale Druckbuchstabe.

Ach ja, da ist noch die Telefonnummer von Mallorca. Ob ich es wagen kann, Frau Konsul kurz vor 21:00 Uhr noch anzurufen? Wer wagt, gewinnt. Nach zwei Rufzeichen höre ich die Stimme der Frau. Sie ist sehr erfreut, dass ich es heute doch noch geschafft habe, mich bei ihr zu melden. Sie berichtet in kurzen Zügen über ihr Vorhaben und erzählt mir, sie habe ein dafür geeignetes Objekt angeboten bekommen. Sie will meine Meinung zu ihrem Vorhaben hören und fragt mich, ob ich am Wochenende zu ihr kommen kann.

Meine Meinung ist, dass ihr Vorhaben eine tolle Idee ist, denn alternative Behandlungsmethoden werden in Zukunft hoffentlich immer größere Bedeutung für die Menschen bekommen. Noch besser ist vorbeugen als heilen. Mit diesen Worten versuche ich ihr Mut zu ihrem Vorhaben zu machen, doch bezüglich meines Kommens am Wochenende muss ich sie enttäuschen. Mit blumigen Worten gebe ich mir alle Mühe, sie davon zu überzeugen, dass mir ein Besuch auf Mallorca jetzt beim besten Willen nicht möglich ist.

Wir vereinbaren, uns vor Weihnachten auf Mallorca zu treffen und sie entscheidet inzwischen, ob sie das Objekt erwirbt oder für das Vorhaben pachtet. Wir verabschieden uns recht herzlich voneinander mit vorweihnachtlichen guten Wünschen und der Hoffnung auf ein gutes Gelingen.

Nun muss ich mich beeilen, um zu sehen, was zu Hause los ist. Als ich die Tür öffne, höre ich die Stimme meiner Mutter: »Karla kommt endlich.«

In der Wohnstube empfängt mich meine Mutter mit offenen Armen. Nach unserem Begrüßungsknutscher gehe ich meinem Vater entgegen, der sich vom Sofa erhebt und mich kurz drückt.

Es wird noch ein längerer Abend. Meine Eltern wollen alles genau von Helgas Unfall wissen und haben viel von ihren Reisen zu berichten. Mein Vater, ein guter Klavierspieler, der seit meiner Kindheit in ganz Europa Konzerte gibt, steht etwas über den Dingen und versteht nicht, warum Helga noch nicht zu Hause ist, wo es ihr doch schon besser geht. Es wird hin und her diskutiert und ich sehe, wie Jürgen etwas genervt die Brauen hebt.

Unbemerkt gehe ich zu Udo, der sich in sein Zimmer zurückgezogen hat. Er arbeitet an seinem Schreibtisch und dreht sich zu mir um. Ich erkläre ihm:»Heute muss ich mich bei dir einquartieren.« Udo grinst und zuckt nur mit den Schultern. Wir bauen gemeinsam ein Gästebett auf und Udo legt sein Bettzeug darauf. Da bietet mir mein guter Junge also sein Bett an. Mein Schlafzimmer ist schnell für meine Eltern hergerichtet. Nach einer kleinen Flasche Wein beschließen wir endlich ins Bett zu gehen.

Heute ist Freitag, heute in drei Wochen ist Weihnachten. Udo und ich sind beim Frühstücken. Jürgen ist wahrscheinlich schon in seiner Praxis. Meine Eltern schlafen noch. Bevor ich nach unten gehe, decke ich den Frühstückstisch noch einmal besonders hübsch und lege einen Zettel für meine Eltern dazu, auf dem ich ihnen mitteile, dass ich gegen 9:30 Uhr wieder zu ihnen hochkomme. Es ist Punkt 8:00 Uhr und ich begrüße die beiden Bewerber für die Aushilfsstelle. Ein junges Mädchen, welches einen sehr netten Eindruck auf mich macht, muss ich gleich enttäuschen und wegschicken. Sie kann erst in zwei Wochen anfangen, weil sie noch Prüfungen hat. Sie ist traurig, muss aber einsehen, dass unsere jetzige Situation einer schnelleren Hilfe bedarf.

Der zweite Bewerber, ein seriöser Herr mittleren Alters, begrüßt mich und Hannes mit forschem Händedruck und den Worten: »Ich bin Ihr Mann, ich bin sofort zu allen Taten bereit. Wie Sie aus meinen Unterlagen ersehen werden, habe ich langjährige Erfahrung, die ich hier mit einbringen kann. An meiner vorigen Arbeitsstelle haben wir viele Gewinn bringende Neuerungen eingeführt, von denen Sie profitieren könnten.«

Er ist auch sofort bereit, mich zu massieren, damit ich mir einen Eindruck über seine Fähigkeiten, wie er sich ausdrückt, machen kann.

Wunderbar, so komme ich heute zu einer hoffentlich entspannenden Massage.

Er massiert kräftig, gut durchblutend und eigentlich sehr angenehm. Eben wie ein Mann. Anders als Hannes, der sehr sensibel ist und eigentlich erahnt, was mir gerade in diesem Augenblick guttut. Als wir wieder im Gemeinschaftsraum sind, kommt gerade auch Hannes von einer Behandlung zurück. Nachdem ich mich bei dem Bewerber für seine Massage bedankt habe, geht dieser zu Hannes, legt kumpelhaft den Arm um dessen Schulter und meint: »Wir beide werden das Ding hier schon schaukeln.«

Das war sein eigener Todesstoß, denn ich sehe, wie sich Hannes innerlich verkrampft. Diese Art von Distanzlosigkeit ist ein rotes Tuch für ihn.

Wir entlassen den Bewerber mit dem Versprechen, ihn noch heute zu benachrichtigen.

Hannes nimmt sich gerade eine Tasse Tee und ich sage zu ihm: »Ist er nicht genial für uns?«

Beinahe wäre ihm die Tasse aus der Hand gefallen, er ist so aufgebracht, dass er nicht bemerkt, wie ich ihn nur provoziere.

Lachend setze ich seine Tasse auf den Tisch und sage zu ihm: »Also nehmen wir die neckische Sächsin?«

Hannes setzt daraufhin einen gezielten Schlag auf meinen Arm, sodass ich der Situation unangemessen aufheule.

Er gibt mir zu bedenken, wie unsere Berliner auf den sächsischen Dialekt reagieren. Darüber habe ich mir auch schon Gedanken gemacht. Doch die folgenden Überlegungen lassen mich dies für eher nebensächlich erkennen. Frau Ebert hat das Herz auf dem rechten Fleck und eine herzliche Art, sodass der Dialekt ihre Persönlichkeit eher positiv unterstreicht. Kurz gesagt, sie ist ein liebevolles Original.

Hannes und ich sind uns einig, sie ist die Richtige.

Deshalb rufe ich sie auch gleich an und teile ihr unsere Entscheidung mit. Nach dem Anruf weiß ich, die Entscheidung, sie einzustellen, ist goldrichtig. Sie ist bereit, heute noch zu beginnen und auch am Wochenende mit mir zu arbeiten. Denn für das Wochenende habe ich versprochen, die Handwerkergattinnen zu verwöhnen.

Indem ich nach oben zu meinen Eltern gehe, ruft mir Hannes nach: »Du bist verrückt, wie immer.«

Ohne mich umzudrehen bleibe ich ihm keine Antwort schuldig und rufe ihm noch zu: »Aber toll, oder?«

Mama und mein Vater sitzen genervt in der Stube. Ein Ohren betäubender Lärm dringt aus dem hinteren Teil der Wohnung. Die Handwerker, unter Herrn Meyers Aufsicht, haben ihr Werk begonnen. Darüber bin ich sehr froh.

Meine Mutter meint, sie können nicht länger hierbleiben, die Ohren meines Vaters würden von dem Krach Schaden nehmen.

Auf meine Bitte hin gehen sie mit mir rüber in meine zukünftige Wohnung. Dort angekommen, dringen ebenfalls Arbeitsgeräusche zu uns herüber. Die Handwerker montieren Heizkörper. Alles klappt so wunderbar und ich bin dankbar.

Mein Vater ist nun neugierig geworden und will wissen, was hier noch entstehen soll.

Dieses Problem möchte ich aber hier nicht brüllend, den Krach übertönend, erörtern.

Also lade ich sie zu einem Gespräch in das kleine Café unweit unserer Wohnung ein.

Meine Mutter plappert unentwegt auf mich ein und erklärt mir, sie freue sich schon auf Weihnachten, weil sich mein Vater diesmal extra frei für uns genommen habe. Sie würden dann am 22.12. bei uns erscheinen.

Mein Vater guckt mich an und fordert mich auf: »Mädchen, nun sprich, was ist bei euch los? Was hat die ganze Umbauerei für einen Sinn?«

Nun werde ich ihnen einfach sagen, was los ist: »Ich habe beschlossen, mich von Jürgen zu trennen.«

Nach einem mir ewig erscheinenden Schweigen stellt meine Mutter die am schwierigsten zu beantwortende Frage: »Warum?«

Jetzt muss ich das Problem von der Seite aufziehen, die für sie begreifbar ist. Ich habe das Gefühl, als würde ich mir selbst zuhören, während ich die Worte spreche.

»Jürgen und ich haben uns jeder eine Existenz aufgebaut. Dabei ist das gemeinsame Leben zu kurz gekommen. Wir haben keinen gemeinsamen Spaß mehr gehabt. Ich möchte wieder frei sein, um etwas Neues anzufangen.«

»Hast du einen neuen Lover?«, fragt mich mein Vater. Wahrheitsgemäß antworte ich: »Ja, aber den habe ich erst nach meinem Entschluss, Jürgen zu verlassen, kennen gelernt.«

Nun kommt eine weitere für sie wichtige Frage: »Was macht denn der Neue beruflich?«

Als ich jetzt antworte, muss ich innerlich schon wieder kichern, mit ernster Miene sage ich: »Er ist ein gestaltender Künstler auf Mallorca.«

Schweigend sitzen wir um den Tisch des noch menschenleeren Cafés. Plötzlich springt meine Mutter energisch auf und fordert mich sehr bestimmend auf, sie zu begleiten. Sie geht in Richtung Toilette und ich folge ihr. Eigentlich weiß ich, was jetzt kommt und bin gelassen.

»Meine liebe Karla, weißt du eigentlich, was du tust? Ich habe eigentlich von dir mehr Verantwortlichkeit erwartet.«

Interessiert frage ich: »Wem gegenüber soll ich mehr Verantwortlichkeit zeigen?«

Aufbrausend antwortet meine Mutter: »Na, Udo und Jürgen gegenüber. Ich musste als junge Frau auch in vielen Dingen wegen der Karriere deines Vaters zurückstehen. Du hast doch für Udo und dich Sicherheit bei Jürgen.«

»Tut mir leid, Mama, ich lebe nicht das Leben eines anderen, sondern das Leben, das mir entspricht, und das empfinde ich als meine Pflicht dem Leben gegenüber. Außerdem werde ich in meinem Leben immer für mich selbst und auch für Udo sorgen können. Das Wichtigste in meinem Leben war bisher immer Udo und wir hatten viele schöne gemeinsame Erlebnisse. Allerdings ist Udo dabei, erwachsen zu werden und ich muss lernen, ihn loszulassen und ich glaube, mir steht jetzt ein Leben nach meinen Vorstellungen zu.«

Mutters Gesicht ist Empörung: »Willst du etwa behaupten, ich habe mich während deiner Kindheit nicht genügend um dich gekümmert? Und es ist falsch, einen Mann zu lieben und absolut sein Leben mit ihm zu teilen?«

Schnell versichere ich ihr: »Ich will über dein Leben nichts behaupten, es ist dein Leben und es ist dein Recht, es nach deinen Vorstellungen zu gestalten. Zu deiner Beruhigung, meine Kindheit hat mir nicht geschadet, ich bin völlig zufrieden mit meiner Entwicklung.«

Dummerweise rutscht mir jetzt völlig unnötig noch die Bemerkung heraus: »Natürlich haben wir beide damals entsprechend der Karriere von Papa gelebt.«

»Wieso hast du der Karriere deines Vaters entsprechen müssen?«, fragt mich meine Mutter voller Zorn.

Meine Antwort darauf ist: »Vielleicht, weil ich während meiner Schulzeit fünfmal umziehen musste und nie lange die gleichen Freunde hatte. Aber ich habe dir doch schon gesagt, es ist in Ordnung, so wie es ist, vielleicht habe ich dies auch für meine Entwicklung gebraucht. Die Vergangenheit ist für mich so etwas von vergangen und für mein Jetzt bedeutungslos.«

Wir gehen zurück in den Gastraum, wo mein Vater unruhig auf uns wartet. Er schaut mir in die Augen und fragt mich, ob er mich in irgendeiner Weise unterstützen kann. Endlich kann ich ihn voll Freude umarmen und mich bei ihm bedanken. Vorsichtig erkläre ich ihm, dass es mir Freude bereitet, mein Leben zu gestalten und für mich zu sorgen. Befreit von der Last des Ungesagten, erzähle ich meinen Eltern von meinen Vorhaben, meinen Hoffnungen und auch meinen Tagträumen. Dass wir Weihnachten nun nicht gemeinsam verbringen können, stimmt sie zwar etwas traurig, aber sie nehmen es ohne Protest hin.

Nähe genießen

Entspannt lehne ich mich zurück, die Alpen sind wieder unter den Wolken verschwunden. Neben mir sitzt Udo, der interessiert nach unten schaut, ob er nicht doch noch ein Zipfelchen von den Alpen sehen kann.

Wir sitzen im Flugzeug, das genau in eineinhalb Stunden auf dem Flugplatz von Palma de Mallorca landen wird.

Zurückblickend freue ich mich, alle meine Vorhaben erfolgreich beendet zu haben. Meine neue Wohnung ist renoviert und gefällt mir ausgezeichnet. Helga ist auch sehr zufrieden mit ihrem neuen Zuhause. Sie ist zwar sehr traurig darüber, dass Jürgen und ich uns getrennt haben, aber sie ist einverstanden damit, dass wir beide Freundinnen bleiben.

In der Wellnessabteilung läuft alles bestens. Unsere neue Kollegin ist ein großer Gewinn für unsere Abteilung.

Jürgen hat sich sehr großzügig verhalten und mich als Eigentümer des Seitentraktes seiner Villa ins Grundbuch eintragen lassen. Außerdem hat er die Finanzierung der gesamten Renovierung übernommen. Als ich mich finanziell an der Renovierung beteiligen wollte, hat er mir erklärt, dies käme nicht in Frage, da der Nebentrakt mein Teil des gemeinsam erarbeiteten Kapitals sei. Er finde es also gerecht, wenn mein Teil genauso in Ordnung ist wie der seine.

Als ich ihn daraufhin umarmte, war ihm das peinlich.

Jetzt freue ich mich auf die zwei Wochen Erholung auf Mallorca und ganz besonders auf das Wiedersehen mit Mark.

Wir schieben unser diesmal doch recht umfangreiches Gepäck zum Ausgang. Ein Koffer ist nur mit Weihnachtsgeschenken gefüllt. Dabei habe ich mir extra Mühe gegeben, kleine Geschenke, die nicht viel Platz brauchen, zu kaufen.

Vor mir stehen zwei Zollbeamte und fragen, ob ich etwas zu ver-
zollen habe. Mir wird ein bisschen mulmig, weil ich nicht weiß, ob
etwas von den Geschenken zollpflichtig ist. Doch dann sage ich:
»Nur Geschenke«, und wir dürfen passieren.
Mark und Katrin kommen winkend auf uns zu und begrüßen uns
herzlich. Als hätten wir uns ewig nicht gesehen, hält mich Mark
ganz fest und gibt mir in aller Öffentlichkeit einen Kuss
Katrin und Udo sind inzwischen schon vorausgegangen. Mark
schiebt den Trolly mit unseren Koffern und erzählt, er hätte einige
Überraschungen geplant. Er fragt mich, ob wir ihm die Führung
für die nächsten Tage überlassen.
Freudig versichere ich ihm, dass ich mich zu Weihnachten besonders gern überraschen lasse. Für Udo glaube ich mitsprechen zu
dürfen, denn auch größere Kinder lassen sich zum Fest recht gern
überraschen.
Inzwischen haben wir die beiden eingeholt und Udo übernimmt
den Koffertransport. Wir folgen Mark zum Auto und dabei kann
ich mit Katrin ein paar Worte wechseln. Sie erzählt mir, Mark hätte
sein eigenes Pogramm mit uns vor und es sei nicht eingeplant, bei
ihr zu wohnen. Als ich etwas erstaunt gucke, meint sie nur, sie
dürfe nichts verraten.
Doch während wir uns, weil Mark uns vorhin nicht die Möglichkeit
gegeben hat, noch mal herzlich umarmen, flüstert sie mir zu, dass
wir uns oft sehen werden.
Mark fährt mit uns durch Palma und hält an einem hübsch beleuchteten Lokal. Er erklärt uns, wir würden nachher noch etwas
fahren müssen, deshalb hätte er hier für uns einen kleinen Imbiss
vorbereiten lassen.
Inzwischen ist es ganz dunkel geworden und ich spüre ein an-
genehmes Hungergefühl. In der Gaststätte werden wir herzlich
begrüßt. Der Tisch ist wunderschön gedeckt. Mehrere Kerzen stehen auf dem mit weißen Tischtüchern und bunten Tischbändern
geschmückten Tisch. Eine Unmasse an Gläsern und jede Menge
Tafelsilber geben dem Ganzen einen gewissen Prunk.

Udo ist beeindruckt und bringt dies auch mit den Worten:»Voll ätzend«, aus sich heraus. Wir müssen alle herzlich lachen und der Bann des Staunens ist gebrochen.

Nun wird uns ein Gang nach dem anderen gereicht. Immer nur kleine Leckereien, die höchst köstlich schmecken. Wir leben wie die Fürsten. Udo meint, er sei eigentlich kein Gourmet und wollte ein bis zwei Gänge auslassen, falls sie ihm nicht schmecken. Dies aber ist ihm bisher nicht gelungen, weil alles nach noch immer mehr schmecke.

Wir amüsieren uns köstlich. Katrin erzählt mir ihre neuesten Erlebnisse und berichtet, was sich so alles bei den Deutschen auf Mallorca ereignet hat.

Leise flüstere ich Mark nach dem fünften Gang zu, ob das Essen für den ersten Abend nicht etwas übertrieben sei?

Er lächelt und meint:»Finde ich nicht, wenn ich sehe, was für einen Spaß wir dabei haben.«

Zum krönenden Abschluss wird das Licht abgedunkelt und der Kellner und der Koch persönlich tragen singend eine brennende Eistorte herein. Sie setzen sich zu uns und erzählen mir:»War uns eine große Freude für Freundin von Mark machen eine Festmenü.«

Dann lachen wir herzlich und die beiden stellen sich als Freunde von Mark vor. Während wir die Eisbombe gemeinsam essen und uns unterhalten, stelle ich fest, auch der französische Dialekt war nur ein Gag.

Die Freunde haben zusammen mit Mark in Deutschland studiert. Der eine von den beiden ist der Sohn des Gaststättenbesitzers, der andere ist ein berühmter Koch in Frankreich und zurzeit besucht er hier seine Freunde.

Katrin und ich trinken mit den Freunden von Mark einen herrlich süffigen Rotwein. Mark trinkt Wasser und kostet nur hin und wieder an meinem Glas. Udo trinkt zur Feier des Tages auch ein Gläschen mit, verdünnt es sich allerdings mit Wasser.

Die drei Freunde stehen plötzlich auf und gehen zu einem Klavier. Mark holt hinter dem Klavier eine Geige und ein Cello hervor.

Die drei Freunde spielen uns dann tatsächlich beinahe perfekt das Weihnachtslied »Vom Himmel hoch, da komm ich her« vor. Dann wird es noch mal wiederholt und wir sollen mitsingen. Das tun wir dann auch, etwas unmelodisch, aber doch recht laut. Anschließend erklären sie uns: »Das war es, mehr haben wir nicht drauf.« Wir singen dann noch ein paar Weihnachtslieder und Mark begleitet uns auf der Gitarre.

Nach großem Verabschiedungsrummel, mit guten Wünschen und einem wirklich aus dem Herzen kommenden Dankeschön, bringen wir Katrin nach Hause.

Es ist schon 21:00 Uhr und Udo beugt sich im Auto zu mir vor und tuschelt mir ins Ohr: »Wo wohnen wir denn nun?«

Da bin ich auch überfragt. Wir fahren durch die Dunkelheit und ich bin völlig desorientiert, ich habe keine Ahnung, wohin es geht. Doch ich weiß, Mark wird uns sicher ans Ziel bringen.

Jetzt fahren wir schon eine Weile bergauf. Wir halten kurz an und ich sehe, wie sich ein Tor automatisch öffnet. Langsam fährt unser Auto auf ein Grundstück.

Wieder automatisch öffnet sich ein Garagentor und wir fahren hinein.

Mark steigt aus und ruft uns zu: »Alles aussteigen, wir sind da.«

Wir nehmen unser Gepäck und folgen ihm durch eine Tür in das Haus. Was heißt da Haus, als Mark das Licht anschaltet, befinden wir uns in einer Luxusvilla. Um einen noch schwach brennenden Kamin gruppiert sich eine großzügige Sitzlandschaft. Durch die überdimensional großen Fenster erkennt man die Lichter der weit entfernten großen Stadt.

Udo und ich sind sprachlos. Mark fragt wie beiläufig: »Na, gefällt euch eure Unterkunft für die nächsten Tage?«

Wir sind natürlich begeistert und laufen, immer Neues entdeckend, durch das Traumhaus. Udo hüpft, wie er es als kleiner Junge getan hat, von einem Bein aufs andere in seinem Zimmer herum. Er ist so begeistert über den technischen »Schnickschnack« in dem Zimmer.

Als krönenden Abschluss des Tages gehen wir in dem sich im Haus befindlichen Pool schwimmen.

Es ist noch dunkel, als mir der Duft von frisch gebackenen Brötchen in die Nase steigt. Mark liegt neben mir im Bett. Udo wird uns doch nicht etwa mit einem Frühstück überraschen wollen? Nachdem ich mich wohlig geräkelt habe, drehe ich mich zu Mark und kitzele ihn ein bisschen. Verschlafen streckt er die Hand nach mir aus und zieht mich zu sich. Bei ihm angekommen, necke ich ihn noch ein bisschen, um ihn munter zu machen. Da packt er mich unverhofft mit den Worten: »Willst du nicht endlich aufstehen«, um mich aus dem Bett zu schmeißen. Damit habe ich nicht gerechnet, revanchiere mich aber, indem ich ihm die Bettdecke entziehe und flüchte.

Als ich in Udos Zimmer komme, schläft er noch tief und fest. Erstaunt gehe ich in die Küche, dort riecht es wunderbar nach frisch Gebackenem. Wunder, oh Wunder, im Wohnzimmer brennt der Kamin und vor dem großen Panoramafenster ist ein Frühstückstisch für drei Personen gedeckt. Als ich mir den gedeckten Tisch genauer anschaue, läuft mir das Wasser im Mund zusammen. Einfach lecker!

Eine Stimme hinter mir wünscht mir einen wunderschönen guten Morgen. Hinter mir kommt eine junge Frau ins Zimmer und stellt sich als Frau Anita, die Frau, die hier immer nach dem Rechten sieht, vor. Dann meint sie: »Ich hoffe, Sie freuen sich über das Frühstück, das ich für Sie vorbereitet habe.«

Nun stelle ich mich ebenfalls vor und gebe ihr zu verstehen, wie erfreut ich über den gedeckten Frühstückstisch bin.

Als Mark kommt, gehe ich schnell Udo holen. Singend eile ich zurück mit einem großen Appetit aufs Frühstück.

Mark eröffnet mir, mein heutiger Tag würde mir etwas Abwechselung bringen. Na, da bin ich aber gespannt, wie viel Abwechselung mich überhaupt noch überraschen kann. Mein Leben ist zurzeit eine einzige große Überraschung. Aber das ist so, wie es ist, völlig in Ordnung. Schließlich habe ich mir mein Leben durch meine Gedankenwelt so kreiert, wie ich es jetzt erlebe. Nun muss ich mir mal in Gedanken selber auf die Schulter klopfen und sagen: »Karla, das hast du alles prima hinbekommen.«

Als wir drei das Frühstück gerade noch so schön genießen und uns angeregt unterhalten, wird Mark unruhig und drängt zur Eile. Er teilt mir jetzt mit, ich hätte in einer halben Stunde einen Termin mit Frau von Gutenberg und er würde mich zu ihr bringen. Mit den Worten: »In fünf Minuten ist Abfahrt«, will er eiligst davongehen, aber ich halte ihn fest. Er muss mir erst einmal erklären, was jetzt eigentlich passieren soll. So erfahre ich, Frau von Gutenberg ist die Mutter von Frau Seikat. Dann ist mir alles klar.

Während wir zu einem etwas abseits liegenden Teil von Palma eilen, erklärt uns Mark, was heute so abgeht. Er und Udo haben heute ihren Männertag und ich hätte alle Zeit der Welt, um mich mit Frau von Gutenberg zu beraten. Unser Treffpunkt ist Marks Werkstatt am Meer, die mir von meinem letzten Besuch noch in bester Erinnerung ist.

Während wir zu einem alten Gutshof fahren, bekomme ich noch den Schlüssel für die Werkstatt und ein Küsschen. Mark flüstert mir zu: »Die nächsten Tage sind nur für uns.« Das bezweifle ich zwar, aber es freut mich, dass Mark meine Nähe sucht.

Als ich auf den Gutshof gehe, öffnet sich eine Tür und Frau von Gutenberg kommt mir eilig entgegen. Sie begrüßt mich mit den Worten: »Schön, nun sind Sie endlich da.«

Nach einer kurzen Begrüßung führt mich die couragierte ältere Dame über das Anwesen und erklärt mir: »Dies ist das Objekt, welches wir für unseren Zweck nutzen können. Kommen Sie, wir wollen uns die Räumlichkeiten ansehen. Es muss zwar noch viel umgebaut und erneuert werden, aber dies soll uns jetzt erst einmal nicht interessieren. Von Bedeutung ist nur: Sind die Räume überhaupt für unser Vorhaben geeignet? Wir müssen uns heute entscheiden, denn es gibt noch einen anderen Interessenten für das Objekt.«

Wir gehen durch alle Räumlichkeiten und mir wird etwas bange, wenn ich mir vorstelle, was hier alles baulich verändert werden muss, um dies zu einer funktionstüchtigen Wellness- oder Therapieabteilung zu machen. Als wir in den letzten zu besichtigenden Raum kommen, schaut mich Frau von Gutenberg hoffnungsvoll an.

»Machbar ist wohl alles, doch ein Neubau ist schneller und kostengünstiger gebaut, als dieser Gutshof unseren Bedürfnissen entsprechend umgebaut«, erkläre ich ihr mit gutem Gewissen.

Etwas aufgebracht sagt sie zu mir:»Kindchen, danach habe ich Sie nicht gefragt, ich möchte lediglich von Ihnen wissen, ob es möglich ist, hier eine alternative Gesundheitseinrichtung entstehen zu lassen. Alle baulich notwendigen Arbeiten sind kein Problem.«

Leider spüre ich, wie ich gerade etwas ärgerlich werde. Kindchen genannt zu werden ist mir einfach zuwider. Also werde ich jetzt erst einmal ganz ruhig, zähle fünf gleichmäßige Atemzüge und lächle dann Frau Konsul an.

Sie will gerade auf mich einreden, doch vorher möchte ich erst die Fronten klären.

»Wissen Sie, Frau von Gutenberg, ich bin eine selbstständige Frau und das haben Sie auch erkannt, sonst hätten Sie mich nicht um Rat gefragt. Und deshalb bitte ich Sie, diese Kindchentour zu lassen. Entweder wir führen einen konstruktiven Dialog oder ich gehe.«

Sie schaut mich an, als wäre sie von einer Gewehrkugel getroffen und kurz vor dem Umfallen. Doch plötzlich durchzieht ein breites Grinsen ihr Gesicht. Mit einer Stimme, als wäre nichts vorgefallen, fragt sie mich:»Wie darf ich Sie anreden?«

»Wenn Sie möchten, können Sie mich Karla nennen« antworte ich ihr ohne groß nachzudenken.

Sie zeigt auf ein Gebäude und sagt: »Kommen Sie, wir gehen dort rüber.«

Das Gebäude scheint ein Altenheim zu sein. Man begrüßt uns dort drinnen auf das Herzlichste. Wahrscheinlich eine Pflegerin fragt: »Frau von Gutenberg, was können wir für Sie tun?«

Frau von Gutenberg bittet um Tee und Gebäck und geht mit mir in einen kleinen Raum, der wie ein Büro eingerichtet ist.

Wir setzen uns an ein altertümliches, zierliches Tischchen und die alte Dame erklärt mir: »Wissen Sie, Karla, vielleicht muss ich Ihnen erst einmal erklären, dieses Seniorenheim gehört mir und auch der dazugehörende Park. Das Gutshaus mit den beiden angrenzenden und später angebauten Trakten gehörte in den vorigen Generationen auch unserer Familie. Jetzt war es lange in Staatsbesitz. Wenn ich es jetzt erwerbe und es zu einem gemeinnützigen Zweck nutze, bekomme ich vom Staat Unterstützung. Außerdem war es schon immer mein Traum, ›Gut Gutenberg‹ wieder in den Besitz der Familie zu bringen. Da kamen Sie ins Spiel, indem Sie mir einen guten Zweck, zu dem das Anwesen umfunktioniert werden kann, vor Augen führten.« Inzwischen wird uns von einem jungen Mädchen Tee gebracht, welches tatsächlich einen Knicks macht, bevor es geht. Die Frau vom Gutenberg, wie ich sie jetzt insgeheim nenne, holt aus ihrem Täschchen einen Flachmann mit braunem Cognac und gießt nach meinem zustimmenden Nicken einen guten Schluck davon in meinen Tee. Auch in ihre Tasse wandert ein ansehnlicher Schluck. Dann beugt sie sich zu mir rüber und deutet ein Anstoßen an, dabei sagt sie wieder grinsend zu mir: »Karla, als Zeichen Ihrer Wertschätzung möchte ich Sie bitten, mich auch mit meinem Vornamen anzureden. Ich heiße Ariane.«

Eigentlich möchte ich jetzt losprusten, weil ich so ein Getue für antiquiert halte. Aber ich sehe es als das, was es ist, nämlich ein Entgegenkommen einer Frau, die glaubt, dies eigentlich nicht nötig zu haben.

Also teile ich ihr mit, dass dies unsere Zusammenarbeit erleichtern wird. Nun muss ich schnell umdenken und frage, ob sie Zeichnungen von dem Grundstück und von der Villa hat. Wir gehen zum Schreibtisch, auf dem sie alle Unterlagen ausbreitet.

Die Zeit vergeht und wir bemerken es erst, als das junge Mädchen von vorhin uns fragt, ob es uns etwas zum Essen bringen darf. Während wir ein kleines Süppchen essen, betrachte ich Ariane. Sie sitzt aufrecht und macht den Eindruck unnahbar zu sein, doch irgendetwas hat sich verändert an ihr. Ihre Augen sprühen, ich glaube, es ist Freude, die da aus ihr strahlt. Während der letzten drei Stunden haben wir Möglichkeiten gesucht und gefunden, die ihrem Traum eine Chance geben.

Wir haben uns gemeinsam überlegt, welche alternativen Heilmethoden am sinnvollsten für diesen Standort sind. Die nächste Frage war dann, wie können wir diese in den vorhandenen Räumlichkeiten unterbringen. So ergab sich folgende Möglichkeit: In den einen der zwei angebauten Seitentrakte sollen Gruppenräume eingebaut werden. Dort können dann Seminare, Gruppentherapien und auch größere Veranstaltungen stattfinden. Da die Räume hintereinander liegen, bietet es sich an, sie durch Schiebewände zu verkleinern oder zu vergrößern, je nach Bedarf. Diese Räume können auch vermietet werden, zum Beispiel an die sich regelmäßig treffenden Deutschen hier auf Mallorca oder für private Feiern der Bewohner des Altenwohnheims.

In dem zweiten Trakt wäre Platz für Behandlungsräume und eine Bar, an der man kleine gesunde Snacks, Säfte sowie Wasser bekommt und natürlich für einen Empfang.

Das Haupthaus könnte dann später eröffnet werden. Darin sollen sich Sauna und alle Wasseranwendungen befinden.

Im zweiten Stockwerk des Haupthauses wäre Platz für eine grüne Apotheke und Ärzte der Alternativmedizin.

Hier war Ariane der Meinung, es könne doch kein Problem sein, dies alles mit einem Mal zu eröffnen.

Dazu wollte ich mich nicht mehr äußern, sondern erwähnte lieber die notwendigen großen Fenster, die die Räume erweitern durch großzügigen Blick in den Garten.
Zu bedenken sind das Sanitärproblem und auch die notwendige Heizung, wenn auch im Winter die Behandlungen weitergehen sollen. Einige Wände muss man versetzen und fast alle Fußböden müssen erneuert werden.
Als hätte sie mich und meine Bedenken nicht gehört, kommt Ariane jetzt zu mir, schüttelt meine Hand und sagt voller Freude: »Genau so machen wir es.«
Sie erklärt mir, gleich nach Weihnachten würde sie mit dem Architekten sprechen und bittet mich dabei zu sein. Sie würde mir noch mitteilen, wo und wann wir uns am 27.12. mit dem Architekten treffen. Sie rechne damit, Mitte Januar mit dem Umbau zu beginnen.
In meinem Hinterkopf höre ich die Stimme meines Handwerkers Herrn Meyer: »Gute Frau, wo leben Sie denn?«
Aber ich hüte mich eine Bemerkung über ihren Zeitplan zu verlieren.
Wir wünschen uns ein frohes Weihnachtsfest und dann besteht Ariane darauf, dass mich ein Angestellter des Altenheims zu Marks Werkstatt bringt.

Als ich die Werkstatt von Mark aufschließe, höre ich ein Rumoren unter mir. Von der Terrasse aus gehe ich runter in den Bootsschuppen, dort machen Mark und Udo gerade das Boot fest.
Völlig begeistert berichtet mir Udo von ihrer Bootstour und er habe fast die ganze Fahrt über das Boot steuern dürfen. Während sie mich stürmisch begrüßen, bekomme ich von meinen beiden

Männern einen kameradschaftlichen Kuss auf die Wange. Mark berichtet, Udo wäre der geborene Seemann und lobt seine Fahrkünste.

Als wir nach oben kommen, müssen wir schon Licht machen.

Die beiden überraschen mich mit frischem Gebäck, das sie aus Palma mitgebracht haben. Auf dem kleinen Kocher ist schnell Wasser heiß, sodass wir Kaffee aufbrühen können. Wir sitzen wieder wie damals vor dem großen Fenster und schauen diesmal zusammen mit Udo hinaus auf das dunkle Meer. Zwar ist es viel wärmer als in Deutschland, doch ohne Heizung gemütlich zu sitzen, ist nicht möglich.

Während wir zusammenpacken, fragt mich Mark, ob ich mit Frau von Gutenberg alles regeln konnte.

So berichte ich, dass wir nach anfänglichen kleinen Diskrepanzen eine gemeinsame Linie gefunden haben.

Etwas irritiert fragt mich Mark, was da für Diskrepanzen zwischen uns gewesen wären.

So versuche ich schnell mit kurzen Worten zu erklären, wie es dazu kam, dass ich nicht Frau von Gutenbergs Kindchen bin, sie dafür aber jetzt Ariane nennen darf.

Während ich meine Tasche nehme und mich zu Mark umdrehe, der mir den Rücken zudreht, sehe ich, wie seine Schultern zucken. Als ich zu ihm gehe und in sein Gesicht sehe, bemerke ich, wie er sich den Mund zuhält. Besorgt frage ich ihn, ob ihm schlecht ist? Doch da lacht er los und kann sich nicht beruhigen. Als er dann mehrmals wiederholt: »Ariane, hihi Ariane, Ariane hihi, das gibt es nicht«, weiß ich, dass es die Sache mit Frau von Gutenberg ist, die ihn belustigt.

Wir gehen mit verschiedenen Beuteln, in denen sich die Einkäufe meiner Seefahrer befinden, zum Auto.

Ich möchte von Mark wissen, was so lustig an meiner Geschichte war.

Er streicht mir übers Haar, lacht noch einmal kurz auf und erklärt mir, er habe nicht über uns gelacht, sondern die Situation sei an sich kurios. Da ich aber die ganzen Hintergründe nicht kenne, müsste er weiter ausholen, um mir das Ganze verständlich zu machen.

Während wir durch die Dunkelheit fahren, meint Udo von hinten: »Da bin ich jetzt auch neugierig.«

Mark erklärt: »Frau von Gutenberg ist für die ansässigen Deutschen auf Mallorca und zum Teil auch für die Insulaner hier so eine Art Königin. Sie hat vielen der hier Wohnenden geholfen, Fuß zu fassen. Die ganzen Einzelheiten weiß ich auch nicht. Jedenfalls ist es den meisten der sie umgebenden Menschen ein Bedürfnis, ihren Wünschen Rechnung zu tragen. Es handelt sich auch bei ihren Vorhaben fast immer um gemeinnützige Projekte. So ist sie also gewohnt zu arrangieren und zu herrschen. Da kommst du einfach daher und rüttelst aufmunternd an ihrem Thron.«

So in der Richtung hatte ich Arianes Einfluss vermutet. Nun will ich von Mark wissen, ob ich mich seiner Meinung nach falsch verhalten habe.

Er antwortet mir darauf: »Quatsch, es wurde Zeit, dass ihr mal jemand sagt: so nicht! Die anderen haben Respekt und vielleicht sogar ein bisschen Angst vor ihr. Es ist schon gut, ihr mal ihre Grenzen aufzuzeigen. Lustig für mich ist, wie du so ganz nebenbei und respektlos zu beider Seiten Gunsten die Fronten geklärt hast.«

Nachdenklich antworte ich darauf: »Du hast Recht, nachdem, wie du es nennst, die Fronten geklärt waren, entstand so etwas wie ein freundschaftliches Verständnis mit gegenseitiger Achtung füreinander. Kurz gesagt, es ist alles in Ordnung, so wie es ist.«

In unserem exquisiten Haus angekommen, wollen wir dieses nun auch genießen. Das Abendprogramm, welches wir gemeinsam beschlossen haben, beinhaltet ein gemeinsames Abendbrot vor dem Kamin, dann das Stöbern in der kleinen Bibliothek, danach ein

Wettschwimmen und zum Abschluss Entspannung in der Sauna. Wer dann noch kann, liest bis zum Einschlafen. Udo war der treibende Motor für diese abendlichen Aktionen.

Morgen ist Heiligabend und den werden wir auf Ibiza erleben. In mir ist eine große Freude und ich genieße das alles hier.

Keine umständlichen Weihnachtsvorbereitungen in diesem Jahr, viele tolle Überraschungen, man ist an meiner Meinung interessiert und ich werde geliebt.

Überraschungen

Heute ist Heiligabend und es wird schon hell, während ich mich genüsslich im Bett räkele.
Neben mir liegt Mark und schläft noch. Ich unterdrücke das Bedürfnis ihn zu wecken. Es würde Spaß machen, ihn jetzt zu kitzeln und dann mit ihm rumzutollen. Aber so kann ich ihn ungestört betrachten. Mir ist klar, dass er ein sehr attraktiver Mann ist, doch wenn ich ihn jetzt betrachte, kann ich dies nicht mehr einschätzen. Die Gesichtszüge von Mark sind mir so vertraut und lieb geworden, sodass ich mehr sehe als das Äußere.
Es ist wohl so, ein größeres Gefühl ist der ersten Verliebtheit gewichen. Was bedeutet das für mich?
Entweder muss jeder nach dem Weihnachtsurlaub seinen Weg für sich gehen oder wir planen ein Stückchen gemeinsame Zukunft. Sonst würde es, und das weiß ich genau, für mich zu schmerzhaft werden.
Ja, ich will auch dann, wenn nicht gerade Urlaub oder Weihnachten ist, mit ihm zusammen sein.

Wir sitzen in einem kleinen Flugzeug und fliegen zusammen mit Katrin nach Ibiza.
Katrin ist ganz aufgeregt, ihre Großeltern aus Deutschland kommen auch. Wir müssen ihr versprechen, bevor wir morgen zurückfliegen, sie und ihre Familie zu besuchen.
Bevor wir heute losgefahren sind, haben Mark, Udo und ich uns schon gegenseitig beschenkt. Eine kleine Überraschung für Katrin habe ich im Handgepäck, jetzt gebe ich ihr das Geschenk. Katrin jubelt, es ist das Kettchen, das sie in Berlin so toll fand und nicht kaufen konnte, weil die Geschäfte geschlossen hatten.
Wir erzählen ihr voller Freude von unseren Geschenken, mit de-

nen wir uns heute Morgen gegenseitig überrascht haben. Udo war total begeistert von Marks Weihnachtsgeschenk. Mark hat sich wirklich etwas sehr Tolles für ihn einfallen lassen, nämlich eine Surferausrüstung, verbunden mit dem Versprechen, ihm das Surfen beizubringen.

Dies ist für mich eine versteckte Andeutung, dass es für uns eine gemeinsame Zukunft geben wird.

Kaum gestartet, sind wir schon wieder beim Landen. Das kleine Flugzeug schwankt mächtig, bevor es auf der Landebahn aufsetzt. Doch die Landung auf Ibiza klappt problemlos.

Wir verabschieden uns von Katrin, die von ihren Großeltern abgeholt wird. Ein nettes älteres Ehepaar, Katrins Großeltern. Wir verbleiben bei unserer Abmachung, Katrin und ihre Familie vor unserem Rückflug zu besuchen.

So wie es aussieht, erwartet uns niemand. Zum Glück erwischen wir ein Taxi. Das Auto fährt uns in Richtung Inselinneres. Die Sonne steht schon sehr tief, sie lässt das Meer rot leuchten. Weihnachtliche Gefühle habe ich nicht, aber mit meinen beiden Männern hier so durch die Landschaft zu fahren, gefällt mir.

Nach einiger Zeit halten wir vor einem Gatter. Mark bezahlt das Taxi, steigt aus und nimmt unsere Reisetasche. Udo und ich folgen ihm. So stelle ich mir auch eine Ranch in Texas vor. Es dunkelt schon und in einiger Entfernung sehe ich Lichter. Durch eine Lattentür gelangen wir auf steiniges Land, auf dem Olivenbäume wachsen. Wir erreichen ein größeres älteres Gebäude, aus dem Stimmen dringen.

Mark geht voraus und wir hinter ihm durch eine große Tür in das Haus. Eine Frau ruft überrascht:»Mark ist schon da.« Während er ihr auf die Schulter klopft, erklärt uns Mark:»Das ist meine Mutter«, und dann zieht er mich und Udo zu sich und sagt zu ihr: »Und die beiden, Karla und Udo, sind jetzt meine Familie.«

Zwar bin ich etwas erstaunt, merke aber, dass es mir gefällt, von Mark als seine Familie bezeichnet zu werden.

Die Frau reibt sich die Hände an ihrem bunten Rock ab und be-

grüßt Udo und mich mit einem kräftigen Handschlag. Sie meint:
»Ihr könnt mich Manuela nennen.«
Gemeinsam gehen wir in einen großen Raum, in dem mindestens
zwanzig Personen um eine lange Tafel sitzen. Einige Kinder toben
um den Tisch herum und lassen sich nur kurz durch unser Kommen unterbrechen. Die am Tisch sitzenden Personen betrachten
uns neugierig. Mark grüßt mit lauter Stimme und stellt uns als Karla und Udo
vor. Nun klopfen Udo und ich auf den Tisch und begrüßen so die
Anwesenden. Jemand zieht noch einen Stuhl an den Tisch, und, indem er darauf
klopft, deutet er mir an, ich solle mich setzen. Für Udo und Mark
wird noch eine kleine Bank herbeigeholt. Die laute Unterhaltung der Anwesenden geht weiter. Ein paar
Frauen beginnen den Tisch zu decken. Sie laufen durch eine Tür,
wahrscheinlich in die Küche, und bringen jedes Mal den Duft von
Gebratenem mit herein. Als ich aufstehen und den Frauen helfen
will, hält mich Mark fest und meint: »Bleib lieber hier bei mir.«
Alle schenken sich eifrig aus den auf dem Tisch stehenden Krügen
ein und ich habe das Gefühl, sie sind schon recht angeheitert.
Auch uns schenkt man aus einem der Krüge ein. Udo schaut mich
fragend an, als er merkt, dass es Wein ist. Mark steht auf und holt
Wasser, welches er in ein Glas gießt und Udo reicht. Ein älterer,
neben Udo sitzender Mann räuspert sich und meint: »Junge, bist
du ein Muttersöhnchen, dass du noch nicht mal Wein trinkst?«
Udo, der eigentlich wirklich nicht frech ist, antwortet zu meinem
Erstaunen: »Onkel, ich trinke keinen Wein, weil mir das zu lasch
ist, Wasser und Schnaps sind mir lieber.« Die in unserer Nähe sitzenden Männer, die das Spielchen verfolgt haben, johlen laut los.
Der neben Udo sitzende Mann ruft jetzt laut zur Küchentür hin:
»Manuela, der Anhang von deinem Sohn will Schnaps.«
Zum Glück wird jetzt gerade das Essen hereingetragen und alle
sind abgelenkt. Irgendwie fühle ich mich unwohl in der Gesellschaft
von Marks Familie. Es ist nicht wegen des kleinen Zwischenspiels

von Udo und dem neben ihm sitzenden Mann, dem er gekonnt Paroli geboten hat, eher wegen der Stimmung allgemein.

Innerlich muss ich über Udo lachen, für so schlagfertig hätte ich meinen Sohn gar nicht gehalten.

Rings um die Tafel wird ordentlich zugelangt und die mit Fleisch und Gemüse gefüllten Schüsseln sind schnell leer. Da ich nicht so richtigen Appetit habe, esse ich nur ein wenig Gemüse.

Neben mir höre ich Gemurmel:»Stadtmenschen, die essen eben vornehmer.«

Mark beugt sich zu mir rüber und küsst mich auf die Wange. Wir lächeln uns an. Als ich wissen möchte, wer die Leute sind, winkt Mark nur ab. Er äußert sich dann ungefähr in dem Sinne, dass alle zu der Gruppe gehören, die hier lebt.

Die Frauen gehen in ein Nebenzimmer und rufen etwas, was ich nicht verstehe. Die Kinder, die an einem Nebentisch gegessen haben, stürmen in das Zimmer, aus dem das Rufen der Frauen kommt.

Der Mann neben Udo sagt zu ihm:»Bescherung für den Nachwuchs, willst du Schnaps oder Geschenke?«

Udo grinst den Alten dreist an und meint:»Bescherung hatte ich schon und am Heiligen Abend habe ich meinen alkoholfreien Tag.«

Der alte Mann feixt:»Du bist mir schon ein Bürschchen, könntest einer von meinen sein.«

Langsam werde ich unruhig, wo sollen wir hier bei den vielen Menschen übernachten? Unsere Reisetasche steht bei uns unterm Tisch und ich habe noch nicht einmal den Mut nach einer Toilette zu fragen.

Jetzt beschließe ich mein Geschenk für Marks Mutter aus der Tasche zu nehmen und ihr zu bringen.

Mark beobachtet mich und folgt mir mit Udo und der Reisetasche in der Hand.

Inzwischen habe ich Marks Mutter gefunden und überreiche ihr mein kleines Päckchen mit allen guten Wünschen für das Weihnachtsfest. Sie steht wie erstarrt vor mir und fragt ganz ungläubig: »Für mich?«

Verwundert über ihre Reaktion kann ich nur nicken. Mark ist inzwischen bei uns angekommen und drückt sie ganz kurz. Sie schaut ihn an und fragt ihn, ob er schon gehen will.

»Wo willst du uns denn zum Schlafen unterbringen?«, fragt Mark seine Mutter.

Sie beeilt sich zu sagen: »Na, in meinem Zimmer, und ich schlafe bei den Kindern.«

»Mutter, vielleicht kommen wir auf dein Angebot zurück, wir sehen uns noch.« Während Mark mit seiner Mutter spricht, steckt er ihr einen Umschlag zu. Danach schiebt er Udo und mich zur Tür hinaus.

Draußen empfängt uns angenehm frische Luft und ich atme befreit auf. Wir gehen wieder durch die Gattertür und wenden uns dann nach rechts.

Mark fragt uns, ob wir bereit sind für einen kleinen Marsch. Udo und ich stimmen zu, was sollen wir auch weiter machen, rings um uns ist nur Öde und Dunkelheit.

Wir gehen einen Schotterweg entlang und Mark meint, er müsse uns nun etwas erklären, was ihm nicht leicht fällt. Er wendet sich Udo zu und sagt zu ihm: »Eigentlich wollte ich die Sache vor dir nicht zur Sprache bringen, aber deine Reaktionen eben beim Essen haben mir gezeigt, dass du so weit bist, um die Dinge zu begreifen.«

Nach kurzem Bedenken redet Mark weiter: »Karla, wie du sicherlich bemerkt hast, mag ich dich und auch deinen Sohn sehr gern. So gern, dass ich gern mit euch zusammenleben möchte. Wartet, sagt noch nichts, lasst mich erst alles erklären. Dass es da einige Dinge zu regeln gibt und nicht alles so gehen wird, wie ich mir das vielleicht wünschen würde, ist mir klar. Ich bin für alle Möglichkeiten offen. Warum ich gerade jetzt mit dieser Erklärung komme? Einfach deshalb, weil ich es vorher als unehrlich empfunden hätte, bevor du nicht wusstet, woher ich komme. All das zu erklären hätte es nicht auf den Punkt gebracht, deshalb musste ich euch heute zeigen, wie ich zum Teil aufgewachsen bin.«

Nun kann ich doch eine Zwischenfrage nicht zurückhalten: »Wer gehört denn nun außer deiner Mutter noch zu deiner Familie?«

Mark antwortet: »Alle!«, und fügt dann erklärend hinzu: »Wer mein Vater ist, weiß ich nicht, es könnte jeder von den Männern an dem Tisch gewesen sein. Ich bin ein Kind der Hippieszene. In den sechziger Jahren ist meine Mutter mit vielen anderen ›Blumenkindern‹ nach Ibiza gekommen und hiergeblieben. Als die erste Flower-Power-Zeit vorbei war, haben sie hier billig Land erworben und sich von ihrer Hände Arbeit ernährt. Aber dies ist jetzt nicht von Bedeutung, das werde ich dir alles ein anderes Mal erzählen, falls du es wissen möchtest. Jedenfalls haben diese Hippies die freie Liebe, wie sie es nennen, gelebt. Das bedeutet, es wurden regelrecht Pläne ausgearbeitet, wer an welchen Tagen bei wem schlief. Die Kinder, die daraus entstanden, haben zwar eine Mutter, aber viele mögliche Väter.«

Schweigend laufen wir weiter durch die Dunkelheit, den Schotterweg entlang. Es kommt mir schon wie eine Ewigkeit vor, die wir durch die Dunkelheit laufen. Es ist zwar seltsam am Heiligabend gegen alle Gewohnheiten und Traditionen in einem fremden Land durchs Land zu laufen, aber ich bin nicht ängstlich und auch nicht verzagt. Im Gegenteil, obwohl ich eben von Marks unüblicher Kindheit erfahren habe, die eine andere Sichtweise fürs Leben nach sich ziehen müsste als die meinige, vertraue ich ihm. Aus meinem Bauchgefühl heraus weiß ich, Mark wird nicht meinen Gefühlen zuwiderhandeln und ich bin ihm wichtig.

Plötzlich höre ich Marks Stimme: »Hat es euch jetzt die Sprache verschlagen?«

Da wird mir bewusst, dass Mark sich mit seiner Lebensbeichte allein gelassen fühlt. Außerdem hat er uns erklärt, er möchte mit uns zusammenleben und ich reagiere nicht, weil ich mit meinen Gefühlen beschäftigt bin.

Da sagt Udo neben mir: »Ich könnte mir vorstellen, hier auf Mallorca zu leben, aber wie soll das gehen?«

Also, heute bin ich wirklich reaktionsträge, sogar mein Sohn, der sich bei solchen Sachen meist zurückhält, reagiert schneller als ich.

Endlich gelingt es mir zu antworten, ich höre mich sagen: »Mark, ich liebe dich und vertraue dir. Das, was ich dort heute in der Kommune bei deiner Mutter gesehen habe, hat dich nicht geprägt. Doch Udo hat genau den Punkt getroffen, wie soll das mit dem Zusammenleben funktionieren?«

Mark zieht mich an sich, ich spüre regelrecht seine Erleichterung, als er sagt: »Um das zu regeln, haben wir alle Zeit der Welt!«

Der Weg, auf dem wir gehen, macht eine scharfe Kurve und ich glaube Meerluft zu riechen. Da sehe ich in einiger Entfernung Lichter. Ja, ich habe Recht, in regelmäßigen Abständen leuchtet ein Licht auf. Also ist das Meer nicht weit und was ich dort blinken sehe, ist ein Leuchtturm. Aber auch kleinere Lichter sehe ich, also sind vor uns auch Häuser.

»Willst du nicht wissen, wohin ich euch führe?«, fragt mich Mark, und seine Frage klingt echt erstaunt.

»Na, sicher irgendwohin, wo wir übernachten können.« »Ich hoffe nicht in einen Stall, wie damals in Jerusalem«, meldet sich jetzt Udo zu Wort.

Die Antwort kam so plötzlich und unerwartet, dass wir alle loslachen müssen.

Wir gehen jetzt nach links vom Weg ab und stehen plötzlich vor einem schwach beleuchteten Häuschen. Mark klopft gegen eine Tür und kurze Zeit später wird die Tür aufgerissen. Im Gegenschein einer kleinen Lampe erkenne ich die Umrisse einer Frau. Sie umarmt Mark stürmisch und ruft in gebrochenem Deutsch: »Mark ist kommen, mit Frau und junge Mann.«

Wir werden regelrecht ins Haus gezogen und von einem älteren Paar herzlich umarmt und begrüßt. Die Frau sagt zu mir: »Wir uns so freuen, Mark ist wie Sohn.«

Jetzt nimmt mich der alte Mann bei den Händen und schaut mir in die Augen. Er betrachtet mich intensiv und ich sehe, wie seine gerunzelte, wettergegerbte Haut sich zu einem Lächeln verzieht. Dann nimmt er mich noch einmal in seine Arme und klopft mir auf den Rücken. Mir scheint, ich habe seinen Test bestanden. Es braucht mir niemand zu sagen, ich weiß, der Alte ist ein gestandener Seebär. Wieder sitzen wir um einen Tisch, doch diesmal ist es gemütlich und warm. Der Raum, in dem wir uns befinden, ist nicht sehr groß. Die eine Wand, die mit einer Unterwasserlandschaft bemalt ist, ist mit einem Fischernetz geschmückt, in dem große Glaskugeln hängen. Eigentlich finde ich so etwas kitschig, doch diese gestaltete Wand vergrößert den Raum und irgendwie ist es stimmig. Ja, es ist künstlerisch geschickt gearbeitet.

»Hat Mark gemacht«, sagt die alte Frau zu mir, die meinen Blick zur Wand beobachtet hat. »Wir immer gewusst, Mark ist Künstler.«

Mark beobachtet uns freudig amüsiert. Nein, wenn ich ihn mir genauer anschaue, er sieht glücklich aus. Die alten Leute verwöhnen uns mit Selbstgebackenem und Selbstgebrautem. Wir erzählen und ich fühle, als würde ich diese Menschen schon lange kennen. Der alte Mann ist sein Leben lang Fischer gewesen und erzählt uns die tollsten Seemannsgeschichten. Am Ende jeder Story müssen wir raten, wahr oder Seemannsgarn. Es ist für mich erstaunlich, wie gut der Mann deutsch spricht und sogar spaßige Details der Geschichten ihren Ulk nicht verlieren. Mark erzählt mir auf meine diesbezüglich Frage, dass er oft in der Kindheit zu den beiden hier in das Haus geflüchtet sei und später dann auch bei ihnen gewohnt habe. Er hat sie Deutsch und sie haben ihn Spanisch sprechen gelehrt, und zwar so perfekt, dass er und auch seine Wahleltern jeweils in der anderen Sprache denken können. Dies hat ihm für sein weiteres Leben hier auf den Balearen sehr geholfen.

Wir schauen uns Fotoalben an. Mark als kleiner Junge beim Fischen, beim Baden und dann als Halbwüchsiger mit unnahbarem Blick.

In meinem Kopf läuft der Film des heutigen Tages noch einmal ab.

Wieder einmal bin ich erstaunt, wie vollkommen das Leben ist. Seit wir hier auf Ibiza angekommen sind, habe ich die unterschiedlichsten Gefühle in Bezug auf Mark durchlebt. Gekommen sind wir mit Katrin, für die Mark immer wie ein großer Bruder gedacht hat. Das hat ihr sicher auch geholfen, die zu werden, die sie heute ist. Zwar kenne ich keine näheren Umstände, doch nach dem heutigen Nachmittag kann ich die Andeutungen verstehen, als sie mir des Öfteren zu verstehen gab, Mark habe sie immer beschützt.

Dann waren da die Großeltern von Katrin, die sehr an Marks und unserem Kommen interessiert waren, sicher auch, weil sie Mark sehr schätzen.

Da ist Manuela, Marks Mutter, die ihm zwar zugetan ist, aber zu schwach, um ihn in der Gruppe der Familie zu schützen und zu fördern. Als ich das heute Nachmittag fühlte, hatte ich das Bedürfnis, Mark und vor allem das Kind in ihm zu umarmen und zu schützen.

Nun aber wieder das ganze Lebenspuzzle von Mark betrachtet, fügt sich alles zu einem höheren Sinn zusammen. Wäre Mark in einem normalen deutschen Elternhaus aufgewachsen, hätte er nie zu dem Menschen reifen können, der er heute ist. Wer behütet ist, gewöhnt sich daran und braucht nicht zu kämpfen.

Aber Mark musste sich selbst beweisen, wer er ist. Er lief weg und fand bei den beiden Alten hier die Liebe und das Verständnis, welches er brauchte. Wer unterstützt in Deutschland sein Kind schon in dem Bemühen, Künstler zu werden?

Und ich finde mal wieder das Leben toll und in Ordnung, so wie es ist. Hier in Marks Leben ist für mich der höhere Sinn des Lebensweges und des Ziels erkennbar. Viele Lebenswege von anderen Menschen erscheinen oft ungerecht und traurig, aber wahrscheinlich erkennt man nur den höheren Sinn des Ganzen nicht.

Inzwischen kann oder will ich mir meine Zukunft ohne Mark nicht mehr vorstellen. Ja, ich liebe ihn. Es ist nicht nur die Verliebtheit, dieses Entflammen, was man zu Beginn einer Beziehung fühlt, sondern ich liebe ihn so, wie er ist und das, was ihn so einzigartig macht.

Gerade merke ich, wie alle zu mir sehen. Bestimmt habe ich bei meinen Überlegungen etwas verpasst.

Udo meint:»Mama, wir haben dich jetzt alle gefragt, ob du müde bist.«

Lachend antworte ich:»Eher etwas verliebt in euch und das Leben, das ist mir gerade mal wieder bewusst geworden.«

So, nun habe ich allen noch erzählt, wie toll ich das alles mit Marks Kindheit hier bei John und Maria, so darf ich Marks Pflegeeltern nennen, finde.

Bevor wir jetzt unsere Betten zugeteilt bekommen, beginnt noch einmal ein»Gute-Nacht-Ritual«, es wird gedrückt und geknuddelt. Udo nimmt es gelassen hin und Mark betrachtet die ganze Sache amüsiert, aber auch voller Stolz.

Als wir endlich in den Betten liegen, ist es schon spät in der Nacht. In Marks Arm liegend, bin ich glücklich und wieder mal voller Freude. Wirklich, ich kann mir keinen interessanteren, lehrreicheren und schöneren Heiligabend als den eben zu Ende gegangenen vorstellen. Beim Einschlafen fällt mir gerade noch ein, spannend war es heute auch.

Neu orientieren

Heute ist der zweite Weihnachtsfeiertag, wir sind wieder in unserer Luxusvilla auf Mallorca. Meine beiden Männer verwöhnen mich heute, sie decken den Frühstückstisch und ich darf mich noch ein bisschen im Bett räkeln.

Gestern haben wir uns noch von Marks Mutter verabschiedet. Sie sah so traurig aus und als ich ihr, um sie etwas zu trösten, meine Kette mit meinem Glücksstein schenkte, fing sie an zu weinen. Es war ihr unmöglich zu verstehen, dass ich ihr, der Versagerin, etwas schenkte. Sie bereute, damals mit ihrem Sohn nicht weggegangen zu sein.

Daraufhin versuchte ich ihr zu erklären, dass dies nun alles Vergangenheit und Mark in meinen Augen ein toller Mann geworden ist und, wenn sie für sich etwas ändern will, zu jeder Zeit die Möglichkeit dazu besteht.

Zur Krönung des Ganzen gab ihr Mark sein Handy und meinte, wenn sie ihr Leben selbst in die Hand nehmen will, soll sie ihn anrufen, er würde ihr helfen. Als wir losfuhren, ließen wir eine sprachlose Manuela zurück.

Bei Katrin wurden wir wie vermutet sehr herzlich aufgenommen. Wir wollen gemeinsam mit Katrin und der Gruppe, mit der wir damals während meines Urlaubs nach dem Vortrag zusammen waren, Silvester feiern.

Wir sind zusammen mit einem Jungen, der bei seinen Großeltern auf Ibiza war, zurückgeflogen. Seine Eltern gehören auch zu der Gruppe, mit der wir Silvester feiern wollen. Jedenfalls hat sich Udo mit ihm angefreundet und will sich heute mit ihm treffen.

Mir steigt Duft von frisch gebackenen Brötchen in die Nase. Gerade als ich aufstehen will, werde ich zum Frühstück gerufen. Die beiden haben sich große Mühe gegeben. Der Tisch ist mit Kiefernzweigen und Kerzen geschmückt. Sogar Waffeln haben sie gebacken.

Mit Späßen, gegenseitigem Erzählen und dem Planen des heutigen

Tages zieht sich das Frühstück in die Länge. Der Tagesplan steht fest, Udo wird am frühen Nachmittag von seinem neuen Freund abgeholt und Mark und ich gehen heute nicht aus dem Haus. Wir faulenzen, schwimmen und werden auch die Sauna anheizen. Also ein Tag voller Genüsse und Freuden. Wer weiß, was uns da noch so alles einfallen wird. Morgen erwartet uns Ariane, d. h. Frau von Gutenberg, mit dem Architekten. Sie hat darum gebeten, dass Mark mich begleitet.

In dem Seniorenwohnheim erwartet uns Ariane zusammen mit dem Architekten in ihrem Büro. Nach einer kurzen, aber doch herzlichen Begrüßung kommen wir gleich zur Sache. Der Architekt spricht zum Glück fließend deutsch. Er skizziert unsere Vorstellungen vom Umbau des Gutes immer gleich mit. So haben wir die verschiedenen Möglichkeiten zum Vergleich optisch vor uns. Mark hat den Auftrag, unsere Vorstellungen harmonisch in das Gesamtkonzept einzugliedern.

Nach ungefähr drei bis vier Stunden ist das Vorhaben fast bis ins Kleinste durchdacht. Der Architekt wird von Ariane für heute entlassen mit dem Auftrag, möglichst noch heute mit den Berechnungen und Zeichnungen zu beginnen.

Mark und ich sind noch nicht entlassen, während eines kleinen Essens führt Frau von Gutenberg mit uns Konversation. Sie will von Mark wissen, wie die Geschäfte laufen. Er antwortet darauf, er wäre zufrieden.

Mit einem zustimmenden Kopfnicken meint sie: »Ja, ich habe gehört, man ist vielerorts an Ihrer Kunst interessiert. Wie wäre es, wenn ich Sie beauftrage, das gesamte Objekt hier künstlerisch zu gestalten?«

Mark fragt, in welcher Größenordnung und unter welchem Motto die Sache entstehen soll.

Ariane meint daraufhin:»In künstlerischer Sicht erwarte ich Ihre Vorschläge. Mir schwebt da so eine Idee im Kopf herum, bei der Natur und Heilung harmonisch im Einklang dargestellt werden.«

Dann wendet sie sich plötzlich mir zu und fragt mich:»Karla, können wir denn mit Ihrem Kommen nach Mallorca rechnen?«

Auf diese Frage suche ich schon das ganze Weihnachtsfest über die richtige Lösung. Meine Probleme diesbezüglich erklärend, antworte ich ihr:»Es ist keine Frage des Wollens, sondern eine der bestehenden Möglichkeiten. Innerhalb des laufenden Schuljahres kann ich meinen Sohn nicht umschulen. Nach Beendigung des Schuljahres könnte er auf das hier existierende deutsche Gymnasium gehen. Bis dahin gibt es noch ein paarmal Ferien, die wir hier auf Mallorca verbringen können.«

»Gratulation, Mark, Sie haben es wohl geschafft, Karla von der Notwendigkeit zu überzeugen, hier bei uns auf Mallorca sesshaft zu werden«, und sie fährt fort:»Nun habe ich noch eine Bitte, fahren Sie jetzt mit mir ans Meer, ich möchte Ihnen etwas Interessantes zeigen.«

Wir fahren mit Ariane in Marks Auto an Palma vorbei in eine kleine Siedlung am Meer. Hier befinden sich alte Villen neben neu entstandenen modernen Bauten. Vor einem Tor halten wir an und Ariane erklärt uns, hier wohne eine alte Freundin von ihr. Sie erzählt uns, die Kinder der Freundin wären nach Deutschland zurückgegangen und die alte Dame fühle sich nicht mehr im Stande, das Haus zu erhalten. Diese ältere Dame, eine Frau Asch, würde demnächst in ihr Seniorenheim ziehen und dort bis zu ihrem Lebensende kostenfrei leben. Das Interessante für uns bei der Sache wäre, dass wir das Haus übernehmen könnten. Dafür soll Mark das Gut Gutenberg auf seine Kosten künstlerisch gestalten.

Für kurze Zeit sind wir beide überrascht und wissen nicht, was wir dazu sagen sollen.

Frau Ariane fordert uns auf auszusteigen und uns das Haus erst einmal anzusehen, sie habe vorhin schon mit Frau Asch telefoniert.

Uns wird geöffnet und wir gehen durch einen kleinen Park mit altem hohem Baumbestand. Das Haus ist schon älter und eine Art kleine Villa. Die Fenster und die Türe sind neu. Frau Asch begrüßt uns und bittet uns dann ins Haus.

Mein Herz macht einen Freudenhüpfer, drinnen ist alles neu renoviert. Was mich am meisten begeistert ist: gleich wenn man ins Haus tritt, schaut man durch eine Art Diele ins Wohnzimmer und durch die Fenster direkt aufs Meer.

Mark drückt mir die Hand und wir sehen uns den Rest des Hauses an. Mir, und ich merke auch Mark, gefällt das Haus ausgesprochen gut. Eine Villa am Meer, da bleiben keine Wünsche offen.

Hinter dem Haus endet das Grundstück an der Felsenküste. Der Wasserspiegel liegt etwa zehn Meter tiefer. Neben dem Grundstück führt ein Hohlweg zum Meer runter. Dort unten sehe ich Boote liegen.

Als wir uns von Frau Asch verabschiedet haben und wieder im Auto sitzen, möchte Mark noch mal genau wissen, was er tun muss, um das Haus zu bekommen.

Ariane erklärt uns in aller Ruhe noch einmal ihre Bedingungen. Demnach ist das Haus für uns bezahlt und gehört uns, wenn Mark seine künstlerische Tätigkeit im Haus der Alternativmedizin beendet hat.

Da er mit verschiedenen wertvollen Materialien arbeiten muss und einen Arbeitszeitaufwand von mindestens zehn Wochen hat, ist das Haus nicht umsonst, aber erschwinglich.

Wir fahren zurück zum Seniorenheim, bedanken uns bei Frau von Gutenberg und bitten um zwei Tage Bedenkzeit.

Mark, Udo und ich wohnen in Gedanken schon mal zur Probe in der Villa. Udo hat sich bei seinem neuen Freund nach seiner eventuellen Schule für das nächste Schuljahr erkundigt. Dabei stellte sich heraus, dass eben dieser Freund, Mike heißt er, auch auf das Gymnasium gehen will. Jetzt steht für ihn fest, er möchte nach Mallorca ziehen und eine Villa am Meer wäre nicht das Schlechteste. Wir lachen herzlich, weil er so schön bescheiden ist. Mark kalkuliert die Kosten, die auf uns zukommen, durch. Dadurch wird uns erstmals bewusst, wie reich wir zusammen sind. Nicht unbedingt nur auf der direkt materiellen Ebene, im Sinne von Geld, sondern auch dadurch, dass wir uns durch unser Können alle Wünsche, die uns glücklich machen, erfüllen können. So sind wir ins Fantasieren gekommen und haben uns vorgestellt, was wir alles machen könnten. Alle noch so verrückten Ideen sind erlaubt.

Udo will mit einem kleinen Schiff als Kapitän nach Afrika fahren und dann zu den Kanaren. Während der Reise will er viele Häfen aufsuchen und sich auf den Schiffswerften umsehen. Für ihn steht fest, er will mal Schiffsbauer werden und große Schiffe entwerfen.

Unser Kommentar zu seinen Träumen: durchaus realisierbar! Die Idee, später Schiffsbau zu studieren, finde ich hochinteressant.

Mark möchte auch ein etwas größeres Schiff haben, das seetüchtig ist und auch mal einen kleinen Sturm übersteht. Mit diesem Schiff will er nach Italien, Griechenland und überall dorthin, wo er sich alte und neue Kunstwerke ansehen kann. Dann eventuell in verschiedenen Ländern interessante Aufträge annehmen.

Für mich nachvollziehbar und keineswegs nicht realisierbar.

Mein Traum ist es, auch die Welt zu bereisen, egal mit welchem Transportmittel. Dabei möchte ich die alternativen Heilmethoden verschiedener Völker studieren. Das Ziel dieses Erforschens wäre dann der Vergleich der verschiedenen Methoden, um herauszufinden, worin unterscheiden sie sich und wie erreichen sie trotzdem das gleiche Ziel, nämlich Menschen gesund oder sogar heil werden zu lassen.

Das Wissen, das ich bei diesen Studien erwerbe, möchte ich für die Allgemeinheit zugänglich machen.

Mein eigenes Fazit bezüglich dieses Traumes, wenn ich meine jetzigen Ziele verwirklicht habe: Es liegt im Bereich des Möglichen. Eine schöne Aufgabe fürs spätere Leben.

Es ist doch erstaunlich, keiner von uns dreien will nur auf der faulen Haut liegen und nur genießen. Wäre ja auch stinklangweilig, ist die Meinung von Udo. Wir sind uns einig, es gibt nichts Tolleres, als sich mit der Arbeit, die man liebt und mit der man Erfolg hat, sein Leben so zu gestalten, wie man es gern hätte. Und vor allen Dingen sich dann an dem Geschaffenen erfreuen, es genießen und unbedingt dankbar dafür sein. Nur wer dankbar für das, was ist, sein kann, ist glücklich.

Also, unser Entschluss steht fest, wir lassen uns auf den Handel mit Frau von Gutenberg ein, wenn keine weiteren Bedingungen damit verknüpft sind.

Mark freut sich auf seine künstlerische Tätigkeit bei der Gestaltung des Heilzentrums. Er überlegt schon, wo er die geeigneten Materialien bekommt. Eine weitere Überlegung von ihm ist, dass er die Entwürfe für das Projekt nicht unbedingt vor Ort machen muss. Dies bedeutet, er kann mit uns für ein paar Tage nach Deutschland kommen und dort die nötigen Zeichnungen machen.

Wunderbar, besser kann es nicht sein, so können wir schon mal das Alltagsfamilienleben testen.

Mein Entschluss steht auch fest, ich werde meinem Kollegen Hannes meine Wellnessoase in Berlin zum Kauf oder auch zur Miete anbieten. Morgen werde ich Ariane mitteilen, dass ich Räume in ihrem Projekt für meine zukünftige Tätigkeit mieten möchte. Wenn ich in mich reinfühle, merke ich, das ist genau das, was ich wirklich will.

Wir sitzen in Arianes guter Stube. Sie wohnt auch in dem Altenwohnheim. Der Raum, in dem wir uns befinden, ist sehr elegant im Stil der 1920er-Jahre eingerichtet. Wir trinken Tee aus zarten

Tassen. Das rhythmische Ticken der Standuhr wird plötzlich durch lautes Rumoren unterbrochen. Ariane schaut auf die Uhr und ruft erfreut aus:»Pünktlich wie versprochen, sie beginnen die Fußböden drüben im Gut rauszureißen.«

Überrascht frage ich sie:»Wie haben Sie denn das möglich machen können, so schnell und dann noch zwischen Weihnachten und Silvester?«

Ariane lächelt und meint:»Die waren mir noch einen kleinen Gefallen schuldig.«

Wie in einem Theaterstück gibt sie Mark mit dieser Äußerung das Stichwort. Er erklärt ihr, dass er sehr interessiert an der Arbeit für das geplante Heilzentrum sei und sich freuen würde, bekäme er den Auftrag für die künstlerische Gestaltung.

Dann sieht er mich an und erklärt ihr, wie gern wir in das Haus am Meer ziehen würden.»Doch«, leitet er dann geschickt weiter,»wir kommen mit den Modalitäten bezüglich meiner Arbeit und der Bezahlung des Hauses nicht zurecht. Ich habe mich nach den üblichen Hauspreisen erkundigt und weiß, dass die Villa durch meine Arbeit nur zur Hälfte bezahlt wird. Karla und ich sind uns einig, dass wir Ihrer Freundin oder Ihnen etwas schuldig bleiben.«

»Ich hatte Ihnen doch schon gesagt, wenn Sie die Arbeit am künftigen Heilzentrum gemacht haben, gehört das Haus Ihnen beiden«, antwortet Frau von Gutenberg in leicht gereiztem Ton.

»Wir beginnen nicht gern unser gemeinsames Leben mit dem Gefühl, jemandem etwas schuldig zu sein oder jemanden sogar geschädigt zu haben«, versuche ich jetzt unterstützend in das Gespräch einzugreifen.

Mark bittet jetzt:»Wäre es möglich, mit Frau Asch persönlich über dieses Problem zu sprechen? Für Sie, Frau von Gutenberg, und uns würde sich bezüglich der Abmachung nichts ändern.«

»Verstehe ich richtig, Sie beide wollen jetzt mit Frau Asch über die Restschuld bezüglich der Villa sprechen? Warum? Frau Asch wird von mir bis an ihr Lebensende versorgt sein.« Dabei schaut sie uns fragend an.

»Dann bleibt unsere Restschuld bei Ihnen«, antwortet ihr Mark. »Das sind für mich Gefühlsduseleien«, antwortet eine überstrapazierte Ariane.

Nun will ich deutlicher werden und sage zu ihr: »Uns beiden liegt daran, frei und ohne Pflichtzwang unser Leben zu gestalten. Wir haben jeder von uns, einzeln für sich, daran gearbeitet, in unseren Entscheidungen frei zu sein von zwischenmenschlichen Zwängen. Deshalb wollen wir jetzt auch gern mit Ihnen zusammenarbeiten und neue Dinge schaffen. Trotzdem aber zu jeder Zeit frei sein, um zu entscheiden, was wir wann wo tun. Das heißt aber nicht, wir sind nicht dankbar für alles, was Sie für uns tun. Auch nicht, dass wir Ihnen nicht gern behilflich sind, wenn Sie uns brauchen. Aber alles, was wir tun, wollen wir mit viel Spaß und Freude machen, ohne das Gefühl, es ist nur unsere Pflicht.«

Lange Zeit ist im Raum wieder nur das entfernte Geräusch arbeitender Presslufthämmer zu hören. Im Gesicht der mir gegenübersitzenden Frau ist keine Regung zu erkennen. Plötzlich steht sie auf und geht mit den Worten, wir sollen bitte warten, sie wäre gleich zurück, aus dem Raum.

Mark und ich stehen auf, um so etwas die Spannung zu lösen, unter der wir stehen. Mit gegenseitigem Zuzwinkern bestätigen wir uns, der Weg ist richtig, den wir gehen, egal, was jetzt kommt. Es vergeht einige Zeit und wir unterhalten uns zum Zeitvertreib über belanglose Dinge.

Jetzt öffnet sich die Tür und eine hoch aufgerichtete Frau von Gutenberg, mit einem Gesicht aus Stein, betritt den Raum. Sie reicht Mark einen Zettel und sagt zu uns: »Frau Asch erwartet Ihren Anruf, hier ist ihre Telefonnummer.« Sie lässt uns am Fenster stehen und geht zu einem Schränkchen, aus dem sie wie mit Zauberhand ein Tablett mit drei Gläsern und einer Likörflasche herausholt. Sie schenkt die Gläser ein und erhebt das ihrige, wobei sie zu uns sagt: »Auf einen meiner schwierigsten Vertragsabschlüsse.«

Wir trinken aus, und als sie ihr Glas abgestellt hat, gehe ich zu ihr und umarme sie mit den Worten: »Ariane, Sie sind die Größte«, und zu meinem Erstaunen meine ich das auch wirklich so. Für mich ist es nachvollziehbar, welche Kämpfe in ihr getobt haben. Sie hat es geschafft über ihren Schatten zu springen und loszulassen. Dazu kann ich ihr nur gratulieren.

Da ist jetzt noch ein neues Geräusch im Raum. In Ariane, die ich noch umarmt halte, zuckt es. Als ich sie schnell loslasse, sehe ich, sie unterdrückt ein Kichern. Als wir sie nun sprachlos angucken, prustet es aus ihr heraus. Sie kichert mit hellen Tönen weiter und zwischendurch erklärt sie, sie habe es schon beim ersten Treffen mit mir, damals bei ihrem Sohn, gewusst, das Mädchen hat Pfeffer, bei der muss man mit allem rechnen. »Außerdem«, amüsiert sie sich, »möchte ich noch bemerken, Sie beide haben sich gesucht und gefunden. Meine Gratulation!«

Die Gläser sind noch einmal eingeschenkt und bevor wir trinken, verrät sie uns verschwörerisch, dass es so schrecklich langweilig ist, wenn alle ohne jeden Einwand ihre Wünsche erfüllen. Sie müsse schließlich an das große Ganze denken und sich den Respekt bewahren, um die gemeinnützigen Ziele in aller Interesse durchzusetzen.

Nun erzähle ich ihr von meinem Vorhaben, auf Mallorca wieder eine Wellnessoase zu eröffnen und ob sie mich in ihrem Heilzentrum gebrauchen könne. Da knufft sie mich nicht gerade damenhaft in die Seite und meint, ich solle nicht wagen, mich anderswo einzumieten.

Wieder ernst geworden, sagt sie zu mir: »Karla, ich habe mir immer eine Tochter, die so wie Sie ist, gewünscht. Aber Sie haben ja meine Tochter kennen gelernt, sie ist lieb, aber schwach und kraftlos.« Nach diesen Worten schaut sie mich resigniert an.

Eigentlich will ich nicht, doch ich kann nicht anders, also sage ich ihr meine Wahrheit. »Ariane, wenn ich Ihre Tochter wäre, wäre ich vielleicht auch schwach wie Ihre Tochter. Hat sie jemals die Möglichkeit gehabt, so frei zu entscheiden, wie ich das tue? Durfte sie aus ihren Fehlern lernen? Hat da nicht eine starke Frau, eine Mutter, mit viel Liebe entschieden, was für das schwache Kind richtig oder falsch ist?«

Ariane sieht auf einmal viel älter aus. Sie fragt mich:»Also, habe ich Ihrer Meinung nach alles falsch gemacht?« Schnell beeile ich mich zu sagen, dass ich das nicht weiß und nur sie entscheiden kann, was richtig ist. Wichtig ist nur, wenn sie Fehler erkennt, daraus zu lernen, um es von nun an besser zu machen. Sich über Vergangenes den Kopf zu zerbrechen, bringt nichts.

Wir gehen gemeinsam nach draußen und verabschieden uns sehr herzlich voneinander. Ariane winkt uns nach und ich habe das Gefühl, eine starke Freundin gewonnen zu haben.

Udo hat zwei Freunde und Grit, die Schwester von einem der beiden Jungen, mitgebracht. Im Fitnessraum haben wir eine Tischtennisplatte aufgebaut. Zu fünft spielen wir jetzt chinesisches Tischtennis. Bei diesem Spiel wird ständig um die Tischtennisplatte gelaufen und wer den Ball nicht trifft, scheidet für diese Runde aus. Mit der Zeit kommen wir ordentlich ins Schwitzen. Mark und ich können aber noch gut mithalten, wir sind für die Jugendlichen ernst zu nehmende Partner.

Marks Handy klingelt, er scheidet aus, um zu telefonieren. Er spricht nur kurz und mit den Worten:»Ich gebe sie Ihnen«, reicht er mir das Telefon.

Arianes Stimme begrüßt mich. Sie kommt sofort zur Sache und erklärt mir, am 30.12., also einen Tag vor Silvester, treffe sich die Gruppe der hier wohnenden Deutschen zum Jahreswechsel. Sie fragt mich, ob es ratsam ist, ihnen das Konzept und unsere Vorhaben für das Alternativzentrum vorzustellen.

Nach kurzem Überlegen antworte ich ihr, dass dies eine günstige Werbemöglichkeit für das Heilzentrum ist.

»Genau so sehe ich die Sache auch«, antwortet Ariane. Dann, leitet sie geschickt weiter, müsse es doch auch in meinem Interesse liegen, für mich in eigener Sache, indem ich meine Angebote der Wellnessabteilung vorstelle, Werbung zu machen.

Nun möchte ich erst mal wissen, was genau sie von mir will und frage sie:»Und was genau erwarten Sie diesbezüglich von mir?« Sie antwortet:»Ganz einfach, Sie und Mark machen sich mit uns einen schönen Abend und ich erkläre das Gesamtprofil des alternativen Heilzentrums. Sie könnten vielleicht ein paar Details unseres Vorhabens vertiefen und stellen die Angebote Ihrer Abteilung und deren Bedeutung zur besseren und gesunderen Lebensführung vor. Kann ich da auf Sie zählen, Karla?«

Jetzt muss ich erst einmal tief durchatmen. Da habe ich mich in den letzten zwei Tagen entschieden, demnächst mein Wirken auf die Insel hier zu verlegen und nun bleibt mir nicht einmal eine Verschnaufpause, um mich zu besinnen. Vereinnahmen lassen, so wie Jürgen es tut, darf ich mich für mein Vorhaben nicht. Aber in meinem selbstgesteckten Rahmen möchte ich schon wirksam werden, also sollte ich die sich mir hier bietende Chance nutzen. Schnell frage ich nun:»Sind Sie noch da, Ariane?« Nach ihrer Bestätigung frage ich sie:»In welcher Form soll da unser Beitrag vorgetragen werden?«

»Wir werden uns einfach während der Feierlichkeiten Gehör verschaffen. Ich werde mich diesbezüglich mit dem Sprecher der Gruppe arrangieren. Also, ich werte Ihre letzte Frage als Zusage. Schön, dass Sie die Gunst der Stunde gemeinsam mit mir nutzen.«

Nach einer herzlichen gegenseitigen Verabschiedung schalte ich das Handy aus und gebe es Mark zurück. Der schaut mich an und will wissen, was es Neues gibt.

Als ich Mark den Inhalt unseres Telefongespräches berichtet habe, meint er:»Da müssen wir uns noch elegante Garderobe für diesen Abend zulegen.«

Überrascht über Marks Äußerung lasse ich mir erklären, weshalb dies notwendig ist. So erfahre ich, dieses alljährlich stattfindende Treffen ist so eine Art Galaabend.

Na ja, da muss ich jetzt durch und ich werde doch wegen etwas besserer Klamotten nicht schlappmachen. Nein, seh'n wir es mal positiv, überlege ich, dies unterstreicht nur die Wichtigkeit unseres Vorhabens.

Über Langeweile kann ich mich wirklich nicht beklagen. Der kurze Aufenthalt hier auf Mallorca beinhaltet Action für einen weit längeren Zeitraum. Trotzdem fühle ich mich toppfit. Das erkläre ich mir dadurch, einmal sind Mark und ich noch ziemlich frisch verliebt und da fließen einem ja alle Energien des Universums zu, zum anderen sind unsere Aktionen mit positivem Stress, dem so genannten »Eustress«, verbunden. Außerdem haben wir dank der gemieteten Luxusvilla alle erdenklichen Entspannungsmöglichkeiten genutzt.

Heute haben wir das milde ruhige Wetter noch einmal ausgenutzt und sind mit Marks Boot weit auf das Meer hinausgefahren. Udo war wieder unser Kapitän. Dabei konnte ich beobachten, mit welch innerer Freude er das kleine Schiff gesteuert hat. An jedem Rat und Tipp war er so interessiert, dass er regelrecht von Marks Anweisungen fasziniert war. Während ich meine Beobachtungen machte, die Seeluft genoss und mich von den Wellen schaukeln ließ, war Udos Aufmerksamkeit nur auf das Steuern des Bootes gerichtet.

Trotzdem, so glaube ich, waren wir beide bei uns im »Hier und Jetzt«.

Auf der Rückfahrt haben wir schell mal so wie nebenbei Zwischenstopp in Palma gemacht. Mark kennt dort im Hafen einen Bekannten, der Udo zum Industriehafen mitnahm, um ihm dort die Beladung der Großfrachter zu zeigen. Udo konnte vor Freude nichts mehr sagen, wo dies doch schon lange ein inniger Wunsch von ihm war.

Mark hat mich dann in die Stadt geführt zu einer angesagten Boutique. Dort werden neckische Kleidchen verkauft, von denen ich immer noch der Meinung bin, die wären etwas für den Faschingsball. Die verzweifelte Verkäuferin brachte mir dann von hinten ein rotes Etwas. Auf Drängen von Mark und der Verkäuferin ging ich damit zur Anprobe. Es passte und sah etwas lustig zu meinen Stiefeln aus. Die Verkäuferin brachte mir ein Paar passende Schuhe und als ich mich dann im Spiegel betrachtete, fand ich mich okay. Meine Ratgeber waren begeistert. Als ich nach dem Preis fragen wollte, erklärte mir Mark, der habe mich nicht zu interessieren. Auch wenn es ihn glücklich macht, neugierig wäre ich aber doch, was so ein Fummel kostet.

Für Mark haben wir auch noch etwas Lässig-Elegantes gefunden. Mark meint, er würde so etwas für feierliche Enthüllungen von Kunstwerken des Öfteren brauchen.

Zum Glück ist das für mich gekaufte Kleid variabel, durch Jäckchen drüber oder durch Stola drum herum veränderbar und dadurch öfter tragbar. Mark lachte über meine Überlegungen zu dem Kleid.

Alles ist gut, so wie es ist

Wieder sitze ich im Flugzeug. Diesmal zusammen mit Udo und Mark. Die beiden unterhalten sich über die unter ihnen sichtbaren mit Schnee bedeckten Alpen. Die letzten Tage des alten Jahres sind wie im Fluge vergangen. Mit geschlossenen Augen mache ich für mich eine Rückschau. Die letzten zwei Monate haben total mein Leben verändert. Wenn ich ehrlich bin, nicht eine Stunde dieser Zeit möchte ich missen. Sogar Jürgen bin ich für alles dankbar. Für alles, was er getan hat und auch für jenes, was er eben nicht getan hat.

Der Galaabend war in jeder Beziehung ein voller Erfolg. Wir, Mark und ich, haben unsere Rolle als elegantes Unternehmerpaar mit Bravour gemeistert. Jetzt gebe ich zu, ich habe die uns bewundernden Blicke genossen.

Souverän hat Ariane ihr Konzept für das Heilzentrum vorgetragen. Mit den überleitenden Worten: »Bevor Sie jetzt mit mir auf das Gelingen meines Vorhabens anstoßen, möchte ich das Mikrofon meiner Freundin und Mitstreiterin überreichen, die Ihnen noch ein paar medizinische und geistige Hintergründe des alternativen Heilzentrums erläutert und Ihnen ihre zukünftige Wellnessoase vorstellen möchte.«

Da stand ich, im Kreise erlesen gekleideter Menschen, die voller Interesse auf mich schauten. Ohne mich aufzuregen, hörte ich mich reden und genau die Dinge sagen, die wichtig sind. Nach dem gemeinsamen Anstoßen musste ich noch viele Fragen beantworten und dabei habe ich mich sogar so richtig in meinem Element gefühlt.

Als wir gemeinsam mit Katrin am Neujahrstag bei den Seikats waren, entdeckte ich, dass der kleine Tim der Auslöser für die ganzen Veränderungen in meinem Leben ist. Er ist der Schmetterling, der durch seinen Flügelschlag den Orkan ausgelöst hat. Ohne Tim hätte ich Katrin und alle anderen, einschließlich Mark, nicht kennen gelernt.

Wir wurden wie Freunde bei den Seikats, die ich Angela und Willi nennen darf, begrüßt.

Als mich Tim sah, holte ich mein Mitbringsel für ihn, ein Kissen, das wie ein Seestern geformt und gefärbt ist, hervor und als ich es ihm geben wollte, quietschte er laut und umarmte mich stürmisch. Er zeigte mit seinem Zeigefinger auf mich mit den Worten:»Du Stern.«

Ariane, die auch anwesend war, meinte diesmal:»Oh, er weiß es noch immer.«

Angela hat sich gut erholt. Sie erzählte mir, wie sie meine Ratschläge für ihre Genesung in die Tat umgesetzt hat. Für die kinesiologische Betreuung waren sie sogar in Hamburg, weil Willi dort auch eine Weiterbildung hatte. Sie ist begeistert von den alternativen Heilmethoden und möchte auch in dieser Richtung tätig werden.

Als ich mit ihr Möglichkeiten diesbezüglich besprach, fragte eine enttäuscht klingende Ariane, ob sie denn nicht die Buchhaltung der Alternativeinrichtung übernehmen wolle. Das Argument, ihre Tochter wolle mal etwas tun, was ihr Spaß mache, fand bei Ariane kein Gehör. Das Gespräch war schon beendet, als ich bemerkte, wie angespannt und blass Angela aussah. So gab ich halt meinen Senf noch dazu, indem ich bemerkte, esoterisch gesehen sind Krankheiten für uns Lehrmeister, sie weisen uns die Richtung, in die wir gehen müssen. Die beiden Frauen und auch die Männer starrten mich nach diesem Ausspruch an und warteten auf meine nähere Erklärung. Aber ich fand, ich hatte genug gesagt.

Nach einer Weile meinte eine wieder erwachte Angela:»Ja, genau so empfinde ich es auch, durch meine Krankheit bin ich mir erst meiner wirklichen Interessen bewusst geworden.«

Nun war Ariane wach geworden und antwortete, dass dies nun auch nicht schlecht sei, wenn einer in der Familie genau wüsste, worum es bei der ganzen Sache im Alternativgesundheitszentrum geht und Angela sich in diese Richtung qualifiziert.

Wenn wir jetzt in Berlin ankommen, freue ich mich schon auf

meine neu ausgebaute Wohnung, die ich bisher noch nicht richtig genossen habe. Auch wenn ich nach Mallorca ziehe, behalte ich diese Räume. So kann ich immer mal wieder Urlaub in Berlin machen und alte Freunde treffen. Außerdem kann ich sie meinen neuen Freunden in Mallorca als Urlaubswohnung anbieten.

In meiner Wellnessabteilung darunter arbeite ich noch bis zu meinem Umzug. Gestern Abend habe ich mit Hannes telefoniert und ihm alles Gute für das neue Jahr gewünscht. Dabei habe ich ihm meine bisherige Wellnessabteilung zur Miete oder zum Kauf angeboten. Er schien nicht abgeneigt, war aber erstaunt, dass alles so schnell geht.

Durch den Lautsprecher des Flugzeuges werden wir jetzt aufgefordert die Gurte anzulegen, da wir in Kürze landen werden. Wegen des unangenehmen Drucks beim Landen verteile ich Kaugummis an meine Männer.

Mark nimmt meine Hand und drückt sie zart und lässt sie nicht los. Wunderbar, wie schön Händchen halten sein kann. Man fühlt sich wieder richtig jung und auch geborgen. Hätte nie gedacht, dass ich so etwas brauche.

Auch das Gefühl mal schwach sein zu dürfen, weil da jemand ist, der auch für mich sorgt, ist enorm entspannend.

Da fällt mir noch etwas sehr Wichtiges ein. Gestern, als wir in unsere Luxusvilla zurückkamen, klingelte das Telefon. Es war Marks Mutter, die uns alles Gute fürs neue Jahr wünschte. Nach ein paar unbedeutenden Worten kam sie auf den eigentlichen Grund ihres Anrufes zu sprechen. Sie hat sich dafür entschieden, ihren zukünftigen Lebensweg ohne die anderen ihrer Wohngemeinschaft zu gehen. Ihre Angst, diesen Schritt zu wagen, war bisher die, dass sie nicht wusste, wohin sie gehen sollte. Das Einzige, was ihr gehöre, wären die Kleidung, die sie trägt, und ein paar Euro, die sie unbemerkt beiseitelegen konnte.

Daraufhin bot ihr Mark seine Wohnung, die ich noch nicht kenne, als Übergangslösung an. Sie vereinbarten noch, dass sie zu Jon ins Fischerhaus gehen solle. Alles Weitere hat Mark dann mit seinem

Wahlvater Jon telefonisch geregelt. Heute haben wir noch den Schlüssel der Wohnung bei einem Freund im Hafen von Palma hinterlegt.

Zum Abschied haben wir in der Gaststätte, in der wir bei unserer Ankunft so toll bewirtet wurden, zu Mittag gegessen. Allerdings diesmal etwas bescheidener. Seine Freunde waren auch da. Er hatte wohl vorher mit ihnen telefoniert. Viel Zeit hatten wir nicht mehr, doch so konnten wir noch mal über Silvester reden, denn die beiden Freunde gehören auch zu der Gruppe, mit der wir feucht-fröhlich ins neue Jahr gestartet sind. Ein schöner Abschluss eines wunderschönen und erfolgreichen Aufenthalts auf Mallorca.

Die Räder des Flugzeugs setzen auf und wir sind wieder in Deutschland. Schön, ich freu mich darauf, Mark Berlin zu zeigen und darauf, mit ihm zusammen sein zu können.

Ob Helga wohl weitere Fortschritte zu ihrer Genesung gemacht hat? Zwar habe ich ihr von Mallorca aus alles Gute für das neue Jahr gewünscht, wir sind dabei aber nicht näher auf ihren jetzigen Gesundheitszustand eingegangen. Sie hat mir während unseres Gespräches erzählt, sie habe eine sehr nette Pflegerin. Auf alle Fälle werde ich sie morgen besuchen.

Während wir auf unsere Koffer warten, erzählt mir Mark, er hat die Sache mit Frau Asch, so wie wir es abgesprochen haben, geregelt. Die Frau hat sich sehr über ihr unverhofftes monatliches Taschengeld gefreut. Ihr Umzug in den Altenwohnsitz ist für Ende Januar geplant. Uns wird die Villa ab Februar zur Verfügung stehen. Prima, da können wir alles gemeinsam planen, wenn Udo und ich in den Winterferien wieder auf Mallorca sind.

Vergnügt nehmen wir unser Gepäck und rufen uns ein Taxi. Das Taxi fährt mit uns durch das hell erleuchtete Berlin unseren nächsten Zielen entgegen.

Nachwort

Liebe Leserinnen und Leser, wenn Sie das Buch gelesen haben, werden Sie vielleicht denken, na ja, diese Karla in dem Buch ist nur eine Fantasiegestalt, so viel Glück hat niemand im wahren Leben. So wie man immer Recht hat, haben Sie auch in diesem Falle Recht. Hier liegt das Übel, denn auch hier bewahrheitet sich der Spruch: »Es geschehe nach deinem Glauben«.

Während des Schreibens der Geschichte habe ich des Öfteren überlegt, dass die gleiche Story auch als Drama gestaltet werden könnte. Es müsste dafür lediglich die Denkweise von Karla verändert werden. Dazu möchte ich Ihnen ein Beispiel geben. Schon zu Beginn der Geschichte hätte alles ganz anders verlaufen können. Karla erholt sich an einem Strand von Mallorca und denkt über ihr Leben nach. Alles bleibt als Belastung bei ihr hängen. Ihr Lebensgefährte kümmert sich um nichts und ist nur an seiner Arbeit interessiert. Da wollen sie endlich mal gemeinsam Urlaub machen und was tut er? Jürgen kann mit ihr nicht einmal eine Woche entspannenden Urlaub machen, weil er angeblich zu seiner Mutter muss, was sich später dann auch nur als Vorwand herausstellt. Sie liegt also mit ihrem Frust da am Strand und will endlich die ihr zustehende Erholung. Da kommt doch so ein unsensibles Kind und wirft Sand auf ihren frisch eingeölten Körper. Empört bringt sie das Kind zu der vermeintlichen Mutter. Mit entrüsteter Stimme bittet sie diese darum, sie möge doch bitte auf ihr Kind aufpassen. Sie hätte sich alle Möglichkeiten für ihr Glück schon am Anfang verbaut.

Aber das Leben gibt uns nicht nur einmal eine Chance. Wir müssen, wie schon erwähnt, anders beziehungsweise konstruktiv positiv denken.

Konkretes Beispiel dazu wäre, Karla konnte sich in der Sonne am Strand etwas erholen und fühlt sich jetzt besser. Sie kommt in die Rezeption des Hotels, um ihren Schlüssel zu holen und muss etwas warten, weil der Mann von der Rezeption sich mit einer Frau unterhält. Sie sprechen über die hier ansässigen Deutschen, die wieder einen interessanten Vortrag anbieten. Die Frau sucht eine Begleitung für den Besuch des Vortrags. Karla könnte jetzt denken:»Werden die denn nie fertig mit dem Quatschen?« oder aber»Das wäre doch auch interessant für mich, ich werde die Frau fragen, ob wir gemeinsam hinfahren wollen.« Mit dem zweiten Denkmuster wäre sie wieder auf dem richtigen Weg der Geschichte.

Das Leben hält für uns alles bereit, wir müssen es nur auf dem richtigen Weg entdecken.

Albert Einstein glaubte zu wissen, dass das körperliche nur ein Prozent unseres Seins ausmacht, alles andere ist Energie. Unsere Gedanken sind reine Energie.

Wenn es so ist, wie der große Einstein es sagt, vermögen wir viel mehr als wir glauben. Versuchen Sie sich doch, wie die beispielhafte Karla, ein Leben nach ihren Vorstellungen zu schöpfen. Denken Sie einfach jeden negativen Gedanken um, und zwar in die Richtung, die Ihnen gefällt.

Glauben Sie jetzt nur nicht, die hat gut reden, in meiner Situation sieht das ganz anders aus. Versuchen Sie es und Sie werden merken, nach gewisser Zeit ändern sich die Situationen. Stecken Sie Ihre Gedankenenergien in das Leben, welches Sie gern hätten und wühlen Sie nicht gedanklich in dem, was Sie nicht wollen.

Mit den besten Wünschen für Ihren persönlichen Erfolg,

Annkathrin Westermann